アメリカ白人の闇

マックス・フォン・シュラー

桜の花出版

アメリカ白人の闇

マックス・フォン・シュラー

桜の花出版

目次

第1章　トランプ大統領誕生は日本の希望

世界を震撼させた2016年大統領選

さて、2016年11月6日、アメリカ大統領選が終わり、世界はショックを受けています。人々はなぜ政治経験のないトランプ氏が大統領になったのか理解できないのです。

メディアによるトランプ攻撃は執拗でした。でも、メディアがなぜこうも無慈悲に攻撃したかという点に、アメリカの抱える問題が示されています。

私自身、メディアのトランプ叩きに騙されました。6カ月ほど前、私はブログでドナルド・トランプ氏は無能だと書きました。同様のメッセージは、あちこちで何度も繰り返し流されていました。他の人、他の政治家だったら、このようなメッセージは致命的だったはずです。

しかし、そうした逆風をはねのけて、ドナルド・トランプ氏は、大統領選を制したのです。

トランプ大統領下のアメリカと日本

結論から先に述べると、次期大統領ドナルド・トランプ氏は画期的と言えます。彼はプロの政治家ではありません。彼は自分自身の資金で政権の座に就きました。いかなる献金企業への借りもありません。すでに大変な金持ちなので、クリントン氏がしたように賄賂を受け取るために事務所を使う必要もありません。

日本について言えば、トランプ政権に関する深刻な問題は見て取れません。

確かに、彼は日本に対してアメリカ軍の経費負担増を求めることについて語ってきました。我々は彼に、もうそのほとんどを日本が負担していることを、率直に伝えなければなりません。

いずれにしても日本の政府関係者は、少なくとも1970年代から、アメリカではなく日本が、日本を守るための最大の任務を行なってきていることを、もうとっくに自覚すべき時期であると私は思います。

日本の軍隊は有能です。そのことを官僚が自覚し、精神的にアメリカに頼るのをやめるときなのです。日本の役人は、いつも外国人に日本を守ってくれるように懇願していて、弱く滑稽に見えます。日本は自分自身でそれが出来るのです。

そしてアメリカ軍はもはや有能とは言えないのです。

アメリカ軍はもうあてにならない

アメリカ軍において、社会的正義に関する試みはありすぎるほどです。

１９５０年代頃、黒人とアジア人を一般の軍に組み入れたのは大変良いことでした。しかし、軍のあらゆる部隊の門戸を女性に開くというのは、大きな問題です。アメリカ軍の女性化は、軍の遂行力にとって極めて有害なのです。

イスラエルが昔、戦闘部隊に女性を入れていましたが、今はもうしていません。彼らはそれが非常にまずいことだと分かったからです。

１９７３年、エジプト軍とシリア軍がイスラエルを攻撃しました。当時はイスラエルがシナイ半島を統治しており、バーレブ・ラインといって、スエズ運河の一連の要塞を維持していました。そのうちのいくつかの区域では、女性兵士が守備隊に配置されていました。

ところが、エジプト軍が攻撃してきたとき、女性がいる部隊の男性は、女性を死なせないよう、戦うよりも降伏する傾向にあるということがわかったのです。

それ以来、イスラエル軍の女性は、戦闘訓練はしても、戦闘部隊には配置されていません。

アメリカ崩壊が少し延びただけ

ドナルド・トランプ氏の当選はアメリカの治療薬ではありませんが、アメリカにとっての時間稼ぎにはなります。アメリカ社会はいま、右翼と左翼、保守と革新、黒人と白人…に分裂し対立しています。至る所に内戦の危機が潜んでいます。

トランプ氏が大統領に当選し、社会の決定的な対立が先延ばしされた、この間に、アメリカ人は自分たちの社会を立て直さなければならなくなるでしょう。なんにせよ、時間はあまり残されていません。

もう一つの深刻な事実は、アメリカが破産寸前だということです。腐敗した銀行は、アメリカ経済をひどく傷つけました。すべてのアメリカの金融機関が関わった、破滅的な２００８年のリーマン・ショックは、その破綻の始まりです。

財政破綻によって、アメリカは、アジアにこれ以上軍隊を配備できなくなるでしょう。

ですから、日本はアジアでより積極的な役割を担うべきであり、また担わなくてはなりません。日本は軍事力なしに存在できるという、ある種の夢の世界に生きている日本の左翼は、成長して大人にならなければいけません。

トランプ氏の合理的手腕に期待

実際、『ネイビー・タイムズ』で読んだ記事で、トランプ氏の将来計画の中に、彼の優れた合理性の一端を見て取ることができました。その計画は、実績ある軍備で海軍を増強するものです。

彼は、海軍の艦艇を２７２隻から３５０隻に増やしたいと言っていました。また、アーレイ・バーク級ミサイル駆逐艦の建造についても言及しています。彼はタイコンデロガ級ミサイル巡洋艦の近代化についても発言しています。これはオバマ政権には無視されたものです。フォード級航空母艦とステルス沿海域戦闘艦にも言及されていましたが、そこではトランプ氏がそれらを造るかどうか明言はしていないとありました。

これらの船舶は旧式で実績のある設計です。

新式の船舶は基本的に、旧式のものよりうまく機能しないのです。7隻の新式の沿海域戦闘艦のうち、6隻はエンジンのトラブルで、ほとんどドックにつながれたままです。新式の航空母艦USSフォードは、艦の電圧調整器が電気負荷を処理できなかったせいで、四つのうち二つの主要タービン発電機が故障してしまいました。

海軍の最新ステルス駆逐艦、USSズムウォルトには、その弾を60マイル先の標的に命中させられる、信じられないようなGPSガイド付きの船殻《せんこく》が付いています。しかしその船殻は一つにつき80万ドルかかり、海軍にはそれを負担する余裕はないのです。

恐ろしいことです！　つまりこれら最新の船舶すべてを合わせても作動しないので、アメリカ海軍はほぼ機能しないということなのです。あるいは爆弾が高すぎて発射出来ないのです。

もちろん、ステルス艦を造らず旧式のものを造るだけでは、民間企業もそこまで儲けを出すことが出来ないでしょう。企業が旧式の戦艦を造ることに乗り気でないだろうことは予想できます。しかし、我々は、トランプ政権の出発点を目撃しているのです。いまは、民間企業の利益よりも、国家の利益の方が重要な時だと私は考えています。アメリカを立て直したいと思っている人々にとって、待ちかねた時が来たのです。

私はこうした根拠から、トランプ氏がアメリカの最大の利益を考えている非常に合理的な人物である、と言うことが出来ます。アメリカの企業は自分たちの収益のみに焦点を当て、アメリカを強くするどころか弱くしてきました。

アメリカを立て直せるか

同様に、アメリカ国内のインフラを修復しなければならない、とトランプ氏が言っていることは全くもって正しいです。それはひどい状況なのです。

2007年、ミネソタ州を流れるミシシッピ川に架かる橋が崩壊し、13人が死亡しました。連邦政府によれば、全米でおよそ7700基の橋が、同様に崩壊の危険性を孕《はら》んでいます。ほぼ毎年、ガスパイプラインの爆発があり、その度に人々が犠牲となり、周囲は焼き尽くされるのです。

発電所や送電所の設備は悲惨な様相を呈していて修理が必要です。

アメリカにおける、こうした問題の大部分は、政府の機能の多くを民営化していることによります。民間会社が携われば、経費を削減するため最低限の維持管理しかしません。会社の唯一の目的は収益を上げることなのですから。

トランプ大統領との方が日米関係はうまくいく

私は、トランプ政権が日米関係に大きな変化をもたらすとは、実のところ思っていません。一方、もしクリントン氏が大統領になっていたら、問題はもっと沢山あったでしょう。

クリントン氏は、選挙キャンペーン中はトランプ氏同様、ＴＰＰからの撤退を主張していましたが、大統領に就任したら、間違いなくＴＰＰを推し進めたでしょう。

ＴＰＰには、大きな問題があります。そのＩＳＤ条項（注：企業や投資家が投資先の国の政策により損害を受けた場合に、相手国政府に対する損害賠償を国際仲介機関に訴えることができる取り決め）では、論争になった場合、米ワシントンを本拠地とする世界銀行傘下の国際投資紛争解決センターに提訴できることになっています。両国の当事者が1名ずつ仲裁人を選定し、残りの1名は双方が合意した人物か、合意できない場合、国際投資紛争解決センター事務総長が任命する仕組みです。

ところが、世界銀行の総裁には代々アメリカ人が選出されているので、その影響下にある国際投資紛争解決センターの事務総長もアメリカ人になる可能性が高く、アメリカに有利になることが指摘されてきました。アメリカ人2対日本人1では、日本はいかなる貿易の紛争でも負けるでしょう。

アメリカ人の考え方というのは、自由と平等、公平だと勘違いしている日本人が多いのですが、公平かどうかではなく、常にアメリカ人の利益になるかどうかなのです。つまり、紛争になったら、競争相手の日本人は潰さなければならないのです。

TPPが発効すれば、日本の国民健康保険制度は破壊され、高額でパフォーマンスの低いアメリカの保険会社に取って代わられてしまっていたでしょう。

日本の農業は破壊され、アメリカの農業に替わられてしまっていたでしょう。北米大陸が何年か後には砂漠に変わっていくので、このことは確実に日本国民に飢餓をもたらしたでしょう。そして日本の銀行システムはアメリカの財政を支えるために搾取されたでしょう。

さらに、ＴＰＰが発効したからといって、これまでより多くの日本車をアメリカ国内で売ることをアメリカが認めるなどと思ってはいけません。彼らは、例えば法的な問題を起こすなど、それを阻《はば》む何らかの方法を見つけるでしょう。

慰安婦問題は悪化

また、ヒラリー・クリントン氏は慰安婦問題に関して、必ず日本を攻撃してきたでしょう。最近、中国の外務省は日本に対して、東京に慰安婦像を建てるよう要求してきました。もしクリントン氏が大統領になっていたら、彼女も同じ要求をしてきたことは間違いありません。

なぜなら、実業界以外で、クリントン氏のアメリカでの唯一の支持者はフェミニストだからです。彼女たちは日本を嫌っており、日本に屈辱を与えたいのです。

日本政府は中国のことを心配しすぎています。もし中国が日本と戦争を始めたら、日本が勝つでしょう。日本の自衛隊の方がはるかに近代的で有能だからです。

しかし、クリントン政権だったら、アメリカは日中対立の場合でも、恐らく中立を保ったでしょう。

結局のところクリントン家は、日本よりも中国を優遇してきたのです。

トランプ氏の方がまとも

トランプ政権の方がより分別があるといえる別の側面は、ロシアとの関係です。オバマ政権下でウクライナに干渉していたアメリカは、ロシアとの核戦争の危険に晒《さら》されていました。

幸運にも、ロシアのウラジーミル・プーチン大統領は分別ある人物でしたので、大事には到りませんでした。

一方、選挙活動期間中、民主党のウェブサイトをハッキングしたとしてロシアを責めたクリントン氏は、極めて無責任でした。そのようなことで一国を非難することは戦争勃発の危険を冒すことになるのです。

恐らく、ロシアはやっていたでしょうが、数え切れないほどの個人の操作者がおり、それを立証するのは不可能です。いずれにしても民主党は、ロシアを非難をすることで、自分たちが不正行為を企んでいた事実を隠そうとしていました。

私は、アメリカがロシアを敵に回すような愚かなことをするとはとても信じられませんが、ひょっとすると、それはあり得ることなのかもしれません。というのは、数カ月前、アメリカの友人がメールで、ロシアと核戦争が起きると思うかと訊いてきたからです。

「なぜだろう?」私は疑問に思いました。

しかし、どうもアメリカ人はそのことを考えているらしいのです。この種の興奮状態がアメリカを危険に晒しています。

また、ロシアを責めるアメリカ政府もまた、他国のシステムを使ってコンピューターゲームをして、ハッキング行為を定期的にしています。

外交政策はこうなる

トランプ氏がＮＡＴＯを解散させたがっている、と心配している人々もいます。しかし、そもそもＮＡＴＯは、現代社会ではもう役に立ちません。

人々はバルト諸国についても心配しています。リトアニア、ラトビア、エストニアのバルト諸国は、１９４０年からソ連が崩壊する１９９１年までソ連領でした。現在はＥＵに参加していますが、クリミア半島併合の次にロシアがここを狙うのではないか、と言われています。その心配は、確かにその通りですが、彼らは彼ら自身の道を歩まなければならないでしょう。バルト諸国にはロシア系の住民が多く、エストニアは人口の半分がロシア系です。

現在のドイツなら、一国で容易にロシアのヨーロッパ侵攻を止められるかもしれません。しかし、ロシア軍はロシアの外ではまったく善戦できていないのも事実です。

アメリカは東欧の政治問題に関わるべきではありません。

この問題は、前国家安全保障担当補佐官ズビグネフ・ブレジンスキーが引き起こしました。彼はカーター大統領の下で働いていた人物です。

彼はポーランド生まれで、アメリカの力をアメリカではなくポーランドに益するように利用したのです。

ソビエト連邦が崩壊したとき、レーガン大統領はゴルバチョフ大統領に、NATOはかつてのワルシャワ条約機構参加国にまでは進出しないと約束しました。しかし、ブレジンスキーはまさにそれをやったのです。そしてNATOの軍事配備は、バルト諸国やかつてのソ連の領土にまで及びました。ロシア人はこれを非難したものの、驚くべき忍耐力を示し、核戦争は起きませんでした。このことは、ロシア人の方がアメリカ人よりも思慮分別があることを表しています。

クリントン氏は、過去の政権の政策を引き継ぐと考えられていますから、ロシアとの関係改善もあまり望めません。

こうした観点から、日本にとって日米関係は、クリントン氏よりもトランプ政権での方がより良い状態になると私は考えています。

マスメディアは女性差別的といわれたドナルド・トランプ氏の発言について騒ぎ立てました。まあ、彼も人間ですし、私は気にしません。非常にプライベートな場でのちょっとした軽口をそこまで騒ぎ立てるならば、非難されない人間はごく僅かでしょう。非差別的なフェミニストたちはあまりにも神経質です。

アメリカの利益のためにベストを尽くす

私は、１８６１年から１８６５年のアメリカ南北戦争時代のある逸話を記憶しています。

北部連合のリーダーであったリンカーン大統領は、南部のロバート・E・リー将軍の戦術の才に対抗できる将軍をなかなか見つけられずに大変苦労していました。幾度となく北部の軍は負けて戦いから撤退していたのでした。

紛争に突入して2年ほど経ったころ、リンカーン大統領はユリシーズ・S・グラント将軍を任命して北軍の指揮を執らせました。彼は屈強な戦士で、リー将軍が何をしてこようと退きませんでした。

しかし、グラント将軍は大変なウイスキー愛好家でした。このことで人々の代表がリンカーン大統領に、グラント将軍は北軍を指揮するのにふさわしくないと文句を言ったのです。彼の飲み方がモラルに反するものだったからです。

リンカーン大統領はこう答えたと言われています。

もしグラント将軍がこの戦争を1日でも早く終わらせるのにウイスキーが役立つな

ら、私が彼に一樽贈ろう、と。

時に、強く屈強な人たちは粗野な言葉遣いをするものです。そうでなければ、酒を飲んだり、その他の何かがあったりします。

私はドナルド・トランプ氏について知れば知るほど、彼が屈強で有能な男だと分かるのです。

彼はアメリカの利益のためにベストを尽くすでしょう。

日本の私たちは、正直になり、彼に日本に何が必要かを伝え、日本の利益のためにベストを尽くすべきです。そうしてから取り決めについて交渉することです。

こうして率直に話せば、トランプ氏は日本のカウンターパートナーとして意外に良い相手だと思います。少なくとも、ヒラリー・クリントン氏よりもずっと良かったと、気づく時が来るでしょう。

この大統領選挙を振り返ってみると、アメリカの抱える大きな闇が随所に表れていた、かつてない選挙戦だったといえると思います。

この選挙戦で驚くような結果を出し、政治の素人であるトランプ氏を当選させたのは、これまでアメリカを支えてきた、中流層の保守派白人たちの不満と怒りに他なりません。ここを、日本にいる私たちは見誤ってはいけません。

これから、この選挙戦を振り返り、そこから見える現代アメリカの闇について、お話ししていきたいと思います。

第2章　誰がトランプ大統領を支持したのか

史上最も腐敗した大統領選挙

客観的データを示すのは難しいですが、2016年の選挙は、アメリカの大統領選史上、恐らく最も腐敗した選挙だったと言えるでしょう。

過去にも汚職にまみれた選挙はありました。例えば、2000年のブッシュとゴアの戦いで、フロリダ州での票の数え直しを覚えている人もいるでしょう。選挙は、ブッシュが537票差で勝ちましたが、確か、後になって、コンピューターのエラーにより、9万票の黒人票が無効とされたと読んだ覚えがあります。他にもいろいろ通常では起きるはずのないことがありました。つまりは、フロリダでは投票過程でおかしなことがいろいろ起こり、民主党のゴアに投票していたであろう黒人たちの票が無効になった、ということです。本当なら民主党のゴア候補が大統領になっていたかもしれないのです。

これは、2000年の出来事でした。

腐敗していた民主党内部

今年の民主党の予備選挙は、ヒラリー・クリントン氏を勝たせたいという勢力の力が明らかに働いていました。ウィキリークスに、ヒラリー陣営の選対委員長のメールが暴露されていましたが、党の候補者を決める予備選で、中立であるべき民主党幹部が、サンダース陣営のメールをクリントン陣営に流すなど、クリントン氏をひいきしていたことや、CNNが主催した対話会で、クリントン陣営は事前に質問をひとつ入手していたことも、明らかになりました。

若者に強く支持されていたバーニー・サンダース候補は、結局予備選でヒラリー・

クリントン氏に敗れ、予備選挙の翌日、民主党を辞め無所属になりました。

ジェームズ・オキーフという人による暴露ビデオによると、スコット・フォーバルという民主党の工作員が語ったところでは、民主党は、トランプ氏の集会でトラブルを起こすために人を雇い、彼らに人々を挑発させ、テレビカメラの前で共和党支持者が喧嘩を始めるようにと指示したそうです。このビデオがユーチューブに出た翌日、フォーバル氏は解雇されました。

同じ共和党員も、トランプ氏を予備選挙で負かそうとしました。例えば、コロラド州では予備選挙が中止になり、委員会の選挙により全ての票はテッド・クルーズ氏に入れられました。

しかし、トランプ氏は勝ち残り、大統領候補になりました。それには理由があります。

その主な理由は、彼が政治のアウトサイダーで、人々に希望を与えたことです。メディアがどれだけ彼を叩いても、支持は揺らぎませんでした。大統領選のキャンペーンがいったん始まった後は、彼の支持は常に41％前後で堅固でした。

メディアによる攻撃のいくつかの例を上げましょう。ラスマッセン統計は、トランプ氏の支持率をずっと41％としていましたが、他のニュースは、ラスマッセンは偏っている、統計の方法に欠陥がある、と言っていました。結局、彼らの方がずっと正しかったのです。

もう一つは、『ハフィントン・ポスト』です。数カ月前から、彼らは支持率を掲載するの止め、代わりに〝筋書き〟を載せるようになりました。チャートを使い、我々のシナリオでは、クリントン氏が勝つ確率は95％、トランプ氏は5％としました。こんなものはニュースでなく、単なる民主党びいき、愛党精神です。

極左のウェブサイトには、悪意ある表現も踊りました。トランプ氏は、「アメリカは素晴らしい、他に類のない国だ」と言わずに、「アメリカはいろんなことが間違っているので直さなければならない」と言う。こんな大統領は史上初だ、と書きました。

アメリカはいろんなことが間違っているので直さなければならない、という意見に、私も同感です。

メディアだけではありません。私は沢山の人から聞かれました。

「アメリカ人は、あんなひどいモンスターを大統領に選ぶほど馬鹿なのか？」と。

この本では、それらを含め、いくつかのことを説明したいと思います。

まず、彼はモンスターではありません。彼のことを詳細に調べると、彼は非常にタフで抜け目のないビジネスマンだということが分かります。一方でとても同情心があり寛容な面もあります。

典型的なニューヨーカー

彼は生まれも育ちもニューヨークです。私も、自慢して言うと、アメリカに住んでいた時はニューヨーク生まれではなく、2年間住んでいただけですが、ニューヨークに完璧に馴染んでいました。彼のように生粋のニューヨーカーではありませんが、ナチュラル・ニューヨーカーだと自分のことを思っています。

ニューヨーカーは、自分たちのことを、外に対しては厳しいけれど、内心はとても温かいと言います。彼のことを調べれば調べるほど、これがまさに彼に当てはまることが分かってきました。

私はシカゴで生まれ、高校時代の約5年をウィスコンシン州の田舎で過ごしました。

トランプ支持者は何を望んだのか

アメリカのピュー研究所が大統領選までに行なった調査では、トランプ支持者とクリントン支持者のそれぞれが重視する問題について明確な違いが示されている。

不法移民について、トランプ支持者の79%が重大問題と考えているのに対して、クリントン支持者は20%だ。テロについて問題視する割合もトランプ支持者の方が倍近く高い。

逆に、銃による暴力を重大問題と考えているのは、クリントン支持者73%に対して、トランプ支持者は31%に過ぎない。またトランプ支持者はクリントン支持者と比較して性差別や人種差別を問題視する割合が明らかに低い。気候変動を問題にする割合が低いのもトランプ支持者の方だ。

さらにトランプ支持者の特徴として、リスクがあっても迅速な解決手段を望む人が多いことも調査で示された。不法移民やテロに対する過激な発言を行なうトランプ氏が多くのアメリカ人の熱狂を受けた構図が見て取れる。

mphillips007/ ドナルド・トランプ 2016 キャンペーン / ゲッティイメージズ

「今日の国の重大な問題」と回答した有権者の割合

	クリントン支持者	トランプ支持者
不法移民	20%	79%
テロ	42%	74%
アメリカ人労働階級の就業の機会	45%	63%
犯罪	38%	55%
全てのアメリカ人の就業の機会	43%	58%
薬物中毒	56%	62%
道路、橋梁、インフラの状態	46%	36%
大学授業費支払い能力	66%	38%
（女性に対する）性差別	37%	7%
人種差別	53%	21%
経済格差	72%	33%
銃による暴力	73%	31%
気候変動	66%	14%

「国が直面している主要な問題を解決するのに、どちらがより効果的か」有権者が回答した割合

	クリントン支持者	トランプ支持者
迅速に解決する新しいアプローチ。ただし、悪化させるリスクもある。	16%	53%
徐々に問題を解決する既存のアプローチ。ただし、変革に時間がかかる。	84%	46%

その時代、私の周りにいたような人々が、いまトランプの根幹の支持者になっています。

彼らがどう感じ、どう考えるか、私はよく知っています。

トランプ氏を支持した二つの流れ

トランプ氏を大統領に押し上げたアメリカ社会の動きには、2つの流れがあります。

それは、ポリティカル・コレクトネス（弱者擁護、差別禁止の政治的動き）と、企業のゆきすぎた拝金主義です。この2つの潮流による問題は、ベトナム戦争の終わり頃から顕著になってきました。

私の兵役は、ベトナム戦争がちょうど終わった後、日本で海兵隊員として始まりました。2回の計4年に及ぶアメリカでの任務の他は、日本に滞在していました。

従って、私は、トランプを大統領選での勝利に導いたアメリカ社会の過程を目撃した、と言っていいと思います。

これに反対するアメリカ人は、沢山いるでしょう。私はずいぶん長いことアメリカに住んでいないので、分かるわけがないと言うのです。

そういう人々は、私がアメリカに批判的なので腹を立てています。

でも、考えてみて下さい。英語の表現には、「森の中にいる時に、それぞれの木々は見えない」というものがあります。この直接的な意味は、森の中にいるときは木々が密集しているので、森の本質が分からない、ということです。つまりは、自分のすぐそばにあるものしか理解できない、ということです。

私は、その森から谷を隔てて、向こう側にある山の上に座っているので、森全体の形も、それがどう変わってきたかも一望することができます。

この42年間、私は基本的に日本に住んでいますが、そういう意味で、私はアメリカについて私の独自の視点から、コメントすることができるのです。

私はアメリカに生まれ、子ども時代を過ごしました。そして、成人してから日本にこれだけ長く住んでいるので、2つの社会を知っています。だからこそ、いまアメリカで起きていることを、日本という別の社会と比較して論じることができるのです。

寛容さと忍耐を失ったアメリカ人

また、いまのアメリカ人は、忍耐心がなく、とても高慢です。

私が高校生だったころ、耳にした言葉をいまも覚えています。当時はベトナム戦争真っ盛りでした。町にはデモをする人々が溢れていました。人々は戦争賛成派と戦争反対派に二分されていました。

いまでも覚えているその言葉とは、「私はあなたの言うことに賛成しないかもしれない。だが、あなたがそれを言う権利を守るために、死ぬまで戦う」というものです。

当時は、人々の間に深い意見の違いはあったものの、それでも人々は同じアメリカ人として、お互いにつながることができました。

しかし、いまは、そんな感覚もなくなりました。意見の違う人々は、いなくなればいいと多くの人が思っています。別の見方に対して、忍耐心がありません。私は、これがすぐに殺し合いにエスカレートしていくのではないかと危惧しています。

この原稿を書き始めたのは、トランプ氏が当選した大統領選挙から4日後のことですが、いまも暴動は続いています。右翼にとっては、そのほとんどは取るに足りないものですが、左翼の人々や非白人は、激しい言葉で脅されています。アメリカ人はここ最近、非常に神経質になっているので、左翼の人々はこの言葉の脅しによってパニックに陥っています。

左翼のアメリカ人はデモを行ない、4日間、物を壊したり燃やしたりの暴動が起こっています。左翼は、敗北や拒否されたことを一切受け入れられない甘ったれです。これは、ポリティカル・コレクトネス（弱者擁護、差別禁止）の教育システムが原因です。弱肉強食の競争を勝ち抜いていかなければならない現実社会に、正面から向き合うことをしてこなかったからです。

左翼のこれらの暴動に対して、田舎のアメリカ人が、反撃するぞと脅している、という話も聞きます。もちろん、愛とキスで、という意味ではありません。暴力で、という意味です。

アメリカの右翼は、実は非常に強い武装集団を持っており、連邦政府に対するゲリラ軍ともなりうるのです。

行き過ぎたリベラル社会を元に戻してくれる期待

アメリカ社会の実態を掛け値なしに見れば分かることですが、普通のアメリカ人は最早、アメリカ社会で生きて行けないのです。特に、アメリカの多数派である中流の白人たちにとって、人生への期待は、どんどん小さくなっています。富は、一握りの金持ちへと集まり、大半の人にとっては生活することが最早不可能といえるほどです。大半のアメリカ人にとって、人生で向上する動きはなく、下るだけです。

会社のアウトソーシングの動きや、混乱する健康保険、高すぎる学生ローンなどが、多くのアメリカ人の人生を不可能なものにしています。盲腸の手術がアメリカでは9万ドル（1千万円以上）もします。払えなければ、死か、家族の破産です。毎年、70万人が医療費用が原因で破産しています。

学生ローンは、卒業時に若者に極度の重荷を負わせます。企業がアウトソーシングをしているので、賃金の高い仕事を得るのは非常に難しいため、多くの人にとって、生涯にわたって借金をかかえることを意味します。もちろん、結婚することもできません。

ポリティカル・コレクトネス（弱者擁護、差別禁止の政治的動き）という絶対的権力によって、右翼の人は非常に怒っています。彼らにとっては、伝統的なアメリカ人の生き方が、攻撃されていることに等しいのです。

キリスト教原理主義とミリシア

性的マイノリティーの権利、中絶の権利、ゲイの結婚、トランスジェンダー用トイレなど、左翼はこうした法整備を全国で勝ち取りました。これは、ポリティカル・コレクトネスによる攻撃と名付ける事も出来るでしょう。

政治的な右翼の人々にとっては、これらは彼らの生き方に対する攻撃なのです。彼らは、物事をまた正しく直してくれる希望を、トランプ氏に見ているのです。


また、私は、アメリカの右翼が、自分たちがポリティカル・コレクトネスの攻撃だと感じるものに、どのように反応してきたかについて、特に、武装したミリシア（民間武装集団）や、キリスト教原理主義について、後の章で詳しく説明しましょう。

キリスト教原理主義の動きは、共和党勢力の影の力として、いま非常に強力になっています。彼らは基本的にトランプ氏を支持しています。アメリカの人口の25％は、ハードコアなキリスト教原理主義者で、さらにもう25％はそこまでではない信者です。

しかし、政治勢力としては、彼らはアメリカの主導権をとるのに充分です。共産党が1917年にロシアを乗っ取った時（ロシア革命）、彼らを支持したのは、人口のたった17％でした。

ミリシアのメンバーは、アメリカ全土に10万人ぐらいいて、大半は男性、大半は白人です。彼らはトランプ氏選出に非常に大きな影響を与えました。そのことも説明します。

彼らは軍人ではなく、いかなる政府の組織にも属していません。平均的アメリカ人です。

彼らがいかに、トランプ氏選出のための力となったかを見てみましょう。

まず手始めに、ミリシアの一つ、オース・キーパーズのリーダー、スチュワート・ローズは、選挙中、投票所を監視するように命じました。非武装で、民主党が何か違法な動きをすればその証拠を見つけるためです。彼によれば、オース・キーパーズのメンバーは3万人です。

Ⅲ%《スリーパーセント》グループ（注：アメリカ憲法を守ろうとする愛国者運動。3パーセンターズとも言う）は、3000人のメンバーがいるとし、誰が勝っても、右翼の抗議者を守るため、ワシントンを行進すると言っていました。武器は持っていますが、先に発砲はしないことを旨としています。

しかしながら、彼らは、信じるもののためには武器と暴力で戦わなければならないと信じている人々です。選挙中、警察はこれらのグループをもっと警戒するべきでした。彼らも皆、基本的にトランプ支持者です。

もしも、一旦暴動が起きれば、正規のアメリカ軍の歩兵隊員は、ミリシアの暴動を抑えるのに十分な数ではありません。10万の民兵を抑えるのに、100万の歩兵隊員が必要です。アメリカ軍の規模は大きいですが、実際の歩兵隊員は、海兵隊と陸軍に属する約15万人しかいないのです。

そして、さらに驚くべきことには、色々な資料を読んでいると、政府は市民戦争になった場合、歩兵隊の半分も信じられないと考えていることがわかります。つまり、歩兵隊は、自分の家族や友人、仲間などが参加している場合、アメリカ人のゲリラを撃つことを拒否したり、自らゲリラに回るだろうと、政府は見ているのです。

人種間の対立は激化している

人種間の対立は、決して良くなっていないどころか、悪化しています。最早、人種間の戦争は、すでにアメリカで始まっていると言えます。

2016年の夏、黒人市民を殺害した警察官に怒った黒人男性が、報復のため、警官を殺害したり、傷を負わせるといった事件がありました。

これは、黒人と白人の間の市民戦争、或いは内戦の始まりと言えるでしょう。これは、黒人側と白人側双方の、多くの人々が求めていたことです。アメリカの内戦には複数の側面があるのです。

では、次章以降、これらを詳細に見ていきましょう。この本に於ける私のゴールは、人々にアメリカがどう変わったかを示すことです。それが、トランプ氏が選ばれた理由だからです。その後、トランプ大統領が日本にどう影響を与えるかを説明します。

ポリティカル・コレクトネスからまず始めます。

第3章　ポリティカル・コレクトネス

行き過ぎた言葉狩り

最近、アメリカ人の友人が、日本の映画のあるシーンを見て、驚いていました。

その映画では、ウェイトレスがレストランの中を歩いています。壁には、「メリー・クリスマス」と書いているポスターが貼ってあります。

日本人にとっては、ごくありふれた光景で、何がおかしいの？と思われるでしょう。しかし、アメリカでは、もうこのようなことができません。というのは、非キリスト教徒を侮辱しているという人々により攻撃を受けるからです。ポスターを取り外せ、と言われるか、レストランの外にデモ隊が集まり、「このレストランはキリスト教徒以外を差別している！」として訴えられるかもしれません。

クリスマスに皆が使う無難な表現は、「ハッピー・ホリデイズ」です。

小学校の教科書から「恐竜」「進化論」が消える!?

数年前、ニューヨーク市の小学校は、学校で使う言葉の中から50ほどを除外しようとしたことがあります。例えば、「恐竜」という言葉です。なぜなら、進化論を信じない子どもの気持ちを害するからというのです。「離婚」。両親が離婚した子どもを苦しめるから。「誕生日」まで。誕生日を祝わないエホバの証人の子どもたちがいるから、という理由です。

私が見る限り、ポリティカル・コレクトネス（弱者擁護、差別禁止の政治的動き）は、ベトナム戦争の頃に始まったいまのフェミニスト活動に端を発していると思います。黒人市民権運動もベトナム戦争期に強まりました。アメリカの黒人は奴隷制度が終わってから、いまもずっと戦っているのです。

少数民族を侮辱する言葉は、アメリカには沢山あります。ポリティカル・コレクトネス運動は、そうした言葉を葬り、少数派の人々の気持ちを害さないようにするためのものです。元々、最も強力な言葉はNワードでした。アメリカではこれらを書くことが出来ないので、このように書きました。でも、皆知っています。


その言葉は、Niggerです。ご存知のように、黒人を差別する言葉です。

いまは、逆に、アメリカ社会でこの言葉を見ることが出来ます。黒人たちがお互いに使うからです。ラップソングの中でも聞くことが出来ます。クエンティン・タランティーノ監督の映画『パルプ・フィクション』の中でもよく用いられていました。その映画の中で彼は、ロサンゼルスの黒人と白人の混ざったギャングを描いています。

この言葉を、言ってはいけません。アメリカを旅している日本人の中には、覚えた

コラム「ポリティカル・コレクトネス」

アメリカでは、人種・宗教・民族・性別・職業などに関する偏見や差別を含む表現を排除して、中立・公平な「正しい」用語を使おうという動きがあり、この運動や用語を指す言葉が political correctness（PC）だ。単純な直訳は「政治的な正しさ」となるが、政治制度の問題というより、反差別を旗印とした社会運動である。

PC は 1960 年代の公民権運動、女性解放、マイノリティの権利運動などの流れを受けるもので、1980 年代に本格化している。「黒人」という言葉が好ましくないとされ「アフリカ系アメリカ人」という言葉が使われるようになったのは PC の代表的な例だ。日本で、看護婦という言葉が看護師に置き換えられたのも、PC の影響である。PC の対象となる言葉は、非常に広範囲にわたっている。

差別が公的に肯定されるべきものでないのは言うまでもないが、アメリカ社会では PC の行き過ぎに不満を持つ層がいることも事実だ。PC は基本的に虐げられるマイノリティ（少数派）に味方するのが前提のため、伝統的なアメリカ白人社会の価値観を否定することが多い。例えば、2015 年に、カリフォルニア大学の学長は「アメリカは機会の土地だ」（America is the land of opportunity.）という表現を使わないよう通達を出している。これはアメリカ人が誇らしく語ってきた言葉だが、有色人種が能力的に劣っていて努力する必要があることを暗示するので使うべきではないというのだ。「メリー・クリスマス」という言葉も、キリスト教徒以外の人に配慮して「ハッピー・ホリデイズ」と言うべきだという主張がある。ある種の言葉狩りとも言える状況だが、PC を否定して、レイシスト（差別主義者）と非難されることを恐れるアメリカ人は多い。アメリカ社会においてレイシストの烙印を押されることは非常に深刻な問題で、社会的に失脚することにもつながる。古き良きアメリカを信じる白人層にとって、PC は身動きの取れない閉塞状況を象徴するものであり、その反動が白人至上主義へとつながっても不思議はない。

スラングを私に言う人がいました。アメリカで使ってみたかったのでしょう。

しかし、この言葉をアメリカで言うと、文字通り殺されます。絶対に言ってはいけません。でも、誰もが知っている言葉なのです。

アメリカ社会を壊したフェミニズム運動

1960年代に起きた黒人たちの市民権への戦いは、今回トランプ氏を大統領へ押し上げた、一番の立役者ではありません。

中心となったのは、白人女性です。2016年の大統領キャンペーンで、白人女性は、トランプ氏を攻撃した非常に悪意あるグループの一つでした。彼女たちは、断固としてヒラリー・クリントン氏を大統領にと支援した唯一のグループでした。

1960年代、70年代に、黒人たちの市民権運動に人々の関心が集まると、女性よりも先に、黒人たちが社会的地位を得ることに、白人女性は嫉妬しました。そして、フェミニスト運動が始まったのです。これも、ベトナム戦争の末期に始まりました。

何年もかけて、その活動は進化しました。フェミニスト運動の哲学の一つは、家父長制度と戦うということです。この本質的な意味は、強い男を滅ぼし、弱く女々しい男を作るということなのです。

この部分で、彼らは労働者階級のアメリカ人と衝突します。労働者階級の男性の自己像は、いわゆる「マルボロ・マン」です。これは、古いマルボロたばこの広告から来ています。カウボーイのような男性がたばこを吸っているものでした。一昔前は、よくＣＭが流れていたので、ご記憶の方もいるかもしれません。

これこそが、強いアメリカ人男性のイメージなのです。こうした人々がトランプ氏を支持していることはすでに述べました。

トランプ支持者は無教養なマヌケか

マスメディアは、選挙キャンペーン期間中、トランプ支持者はあたかも無教養なマヌケであるかのように描いていました。こういうイメージが作られたのは、フェミニストたちのせいです。

アメリカのマスメディアも変わりました。1983年には、マスメディアの90%を50の会社が所有していました。2011年には、6つの会社が90%のメディアをほぼ独占しています。中央集権になったといえます。

アメリカのフェミニストは、メディアに非常に強い影響力を持っています。メディアが何を書くか、どのように書くかは、フェミニストの女性たちと女々しい男性たちが決めます。他の人は、そもそも、そのような仕事にありつけません。

アメリカのテレビ局の一つ、FOX《フォックス》ニュースは保守的なイメージを放送しようとしています。でも、残念なことに事実の間違いが多く、信頼性が低いのです。CNNなど、他のニュース局は非常に左翼的な、フェミニスト的な見方を放送します。

こうしたメディアが溢れるアメリカ社会の中で、労働者階級の右翼の人々は、自分たちが取り残されたと感じています。事実、随分昔から、こうした人々は、メディアによって「馬鹿」だとレッテル貼りをされてきました。

メディアは、基本的に3つの市に集中しています。ニューヨーク、ワシントンDC、ロサンゼルスです。それ以外の場所は、「飛び越える土地」と呼ばれます。これは、人々は東海岸から西海岸へと飛ぶので、その間にある土地とそこに住む人々は重要ではないという意味の、軽蔑的な言葉です。

子どもの時から男性を骨抜きにする企み

アメリカのフェミニズムが非常に重大かつ否定的な影響を与えたのは、アメリカの教育に対してです。率直に言って、男性を滅ぼすことを、子どもの時から始めたのです。

小中高校で、教師は活発すぎる子どもに薬を与えます。一番よく使われる薬の一つはリタリンです。親は、子どもが薬を投与されることに対して、何も意見を言うことはできません。教師と教育運営者だけが決めるのです。

現在、ほとんどの教師は女性で、フェミニストです。彼女たちは、若い男性の攻撃性が世界のすべての問題の原因だと考えます。だから、子どもに薬を飲ませ、攻撃性を奪い、ゾンビのような状態にするのです。約200万人のアメリカの子どもたちが、学校で当り前のように、こうした薬を飲まされます。

薬だけではありません。攻撃的だと思われるすべての遊びが排除されています。多くの小学校では、子どものボール遊びを禁止しています。ケガをするから、というのがその理由です。代わりに、女の子が好きな対話式のグループゲームを教えられます。もし男の子がフラストレーションがたまって体を動かしたくなったり、お互いつついたりなどしたら、先の薬を飲まされるのです。

それから、あらゆる競争が取り除かれました。競争に負け、悪い成績を付けられることで、生徒の自尊心が傷つけられると考えられているのです。

もう何年もこのような状態が続いています。今回の選挙結果を報じたテレビ画面には、大学生たちがヒラリー・クリントン氏が負けたからといって、ショックで倒れるという光景が映し出されました。いったん挫折してしまうと、この後、学校に行ったり、テストを受けたり、人生の色々なことに対処することができないのです。

学校教育が、個人の努力がなくても必ず成功すると教えているのですから、こんな生徒たちになぜ驚くことがあるでしょうか。

弱体化するアメリカの武器設計

フェミニズムによって破壊されたと私が感じているもう一つの側面は、アメリカの武器のデザイン（設計）です。

近年、F－22、オスプレイ、特にF－35などという戦闘機は全く機能しないものになりました。海軍の、沿岸を航行する戦闘艦のようなステルス軍艦は、設計上の問題があるため、波止場を離れることができないのです。

なぜでしょうか？

私の若いころは、F－4ファントムジェットは、その時代、世界最高の多機能戦闘機でした。また、アメリカ人の技師と科学者が、人類を月へと送ったのです。

アメリカの科学技術力は輝かしいものでした。

しかし、何が起こったのでしょうか。

私は、これは、ポリティカル・コレクトネスの教育が原因していると考えています。つまり、学校で、人は、失敗するということを教えられないのです。何があっても成功するとしか教えられません。ですから、失敗をどう乗り越えて成功するか、成功するためには、努力に努力を重ね、改良に改良を重ねなくてはならない、ということが理解できないのです。

昔は、人々は失敗を経験して育ったので、新しい武器システムをデザインするときも、複雑すぎるものは失敗するということを理解していました。そして試行錯誤して、ついに最高に機能するデザインを開発したのです。

そういうことを全く学んでいない若い技師たちは、武器システムをデザインするとき、あらゆる複雑なものを取り入れるのです。きっとうまくいく、としか思っていないからです。ところが、それがうまく作動しないとき、あるいはまったく作動しないとき、彼らは唖然として、それ以上、先に進めなくなるのです。

大半のアメリカ人はゲイが嫌い

大統領選挙の話に戻りましょう。今回の選挙に影響があったと思うもので、ここで議論したいことがあと2つあります。性的マイノリティと、女性の戦闘での役割です。この両方ともが、保守的なアメリカの右翼の人々を怒らせました。

最初は、性的マイノリティ、つまり、ゲイやトランスジェンダー（性同一性障害）のことです。

はっきり言うと、アメリカ人はゲイが好きではありません。好きでないどころか、嫌いだと言っていいでしょう。

日本の皆さんは、メディアで見るアメリカの自由で開放的なイメージと、私の言っていることとのあまりの違いに、驚いているかもしれません。

でも、現実は、アメリカ人の大半は保守的で、東海岸や西海岸などのリベラルな土地に住んではいません。彼らはキリスト教の保守的プロテスタントの教えを強く信じています。

昔から、歴史上にゲイの人々は存在しました。高校の時、ローマ帝国について深く学びました。当時、人口の約6％がゲイだとされ、その割合は現在もほぼ同じです。

この事実から、ホモセクシャルが全く自然なことであることが分かります。

しかしながら、ゲイ同士の結婚を法的に認め、同様の権利を与えることは、右翼の人々の我慢の限界を超えました。そこへもってきて、公共の建物の中にトランスジェンダー用トイレを設ける条例が、いくつかの都市で認められたことで、保守的右翼の人々の怒りは爆発しました。

トランスジェンダーとは、基本的に、一つの性に属しますが、精神的には別の性だと感じるということです。肉体的には男性でも、自分の心は女性だと感じます。その比率は人口の0・03％です。

お分かりの通り、非常に少数派です。この少数派の人々の心を傷つけないように配慮する法律を作るのなら、同様に、無限の法律を作らなければならないでしょう。人間の行為には無限の多様性があります。その一つ一つに対応するのは不可能です。

しかし、ポリティカル・コレクトのフェミニストたちは、自分をトランスジェンダーだと思う人たちのために、アメリカに公衆専用トイレを作る法律を通したのです。

2016年の民主党大会で、「この会場のトイレは、どのタイプの性別の人が使ってもよい」と宣言されたことは有名です。

保守右翼のアメリカ人は憤慨しました。このことは、彼らがドナルド・トランプ氏に修正してほしい、自分たちの理解できるアメリカに戻してほしいと願うことの一つです。

不寛容で高慢なアメリカ人

しかし、左翼の人々は、このようにアメリカの異なる地域に住む人は、とても異なった視点を持っているという事実に気づきません。

右翼も左翼も含め、すべてのアメリカ人から、不寛容さと高慢さが見て取れます。

私はこれまでの本の中で、アメリカ人がどうやって彼らの信念や習慣を、他の国に押し付けようとしたかを書いてきました。彼らは日本にもそうしました。それが第二次世界大戦が起きた主要な理由です。

彼らは、アメリカ内でもお互いにそれをやりあっています。自分と異なる強い信念や習慣を持つ人々を、赦すとか理解するということがないのです。

それは、アメリカの左翼だけに限ったことではありません。数年前、右翼活動家によって、いくつもの中絶手術を行なうクリニックの爆破があり、中絶をする医師が殺害されました。一人の中絶医は、日曜日に教会で射殺されました。

アメリカ社会の中には、こうした怒りや不寛容、自分の主張に相手を従わせようとする意識が渦巻いています。それらは、当然のことながら、対立を引き起こします。

私は、トランプ氏の当選は、不満を持つ層の声をすくい上げはしましたが、対立を一時的に止めるに過ぎないと思います。こうした激情は、また次第に湧き上がり、吹きこぼれて、結果は内戦になるでしょう。

これについては、また後で語ります。

戦闘に女性が参加する権利

さて、次は、戦闘における女性の役割について語ります。

２０１５年まで、女性は軍隊の戦闘の任務につくことはできませんでした。しかし、これはアメリカのフェミニズムの人々の、お気に入りのプロジェクトでした。彼らは全てのことにおいて平等がほしいのです。

彼らは、「女性が戦闘に参加できない理由は何もない」と言います。

元アメリカ海兵隊員として、私はこの経緯についてある程度知っています。私は総務局の情報部門で働いていました。海兵隊では、非戦闘員も含め、すべての海兵隊員が基礎訓練を受けなければなりませんでしたので、私も2週間、歩兵隊の学校に入りました。連日、カリフォルニアの砂漠を歩き回り、すべてが砂まみれでした。それも、重いヘルメットをかぶり、重いライフル銃を持ちながらです。とはいえ、これは自分のものを運んでいるにすぎません。実際の戦闘に参加した歩兵隊員なら、さらに小隊のマシンガンの銃弾や迫撃砲の砲弾も運ぶ必要があります。女性にはとてもできません。

率直に言って、私は、女性も戦闘部隊に入るべきという考えが嫌いでした。

しかし、2013年、女性の戦闘への参加を禁止する規定が廃止されました。さらに、国防相は、すべての任務は女性にも開かれるべきで、任務のうち、男性に限らなければならないものがあれば、その理由を提示せよと求めました。

結局、海兵隊よりも大きく、政治的プレッシャーに弱い陸軍がまず折れ、女性が戦闘部隊に入ることを許可しました。陸軍は、身体能力テストを偽り、女性も適任であるように見せかけました。

一方、海兵隊はこれに反対しました。海兵隊のデータは一貫して、女性は必要とされる身体的基準を満たすことができないこと、男女が混ざった歩兵隊の部隊は、パフォーマンスも悪いことを示していました。

海兵隊の歩兵隊訓練は、肉体を極限まで消耗させるものです。３カ月の基礎訓練の後、さらに６カ月の訓練が続きます。25％の男性が落第し、海兵隊の中の他の仕事に回されるのです。

しかし、２０１５年12月、フェミニストの圧力のせいで、オバマ政権は、全ての戦闘任務は、グリーン・ベレーや海軍ＳＥＡＬｓ《ネイビー・シールズ》などの特別な部隊も含め、女性にも門戸を開かなくてはならないと決めたのです。

アメリカの右翼は、もちろんこれを左翼からのアメリカ人の生き方に対する攻撃と受け止めたのです。

第4章　人種間戦争

女性兵士が軍隊を堕落させる

軍隊では、男性と女性の間で、性別に関わる緊張が多くあります。

軍の戦闘部隊に所属する女性たちとの重大な問題について、こんな記事を読んだことがあります。

M1エイブラムス戦車には4人のクルーがいます。1991年の湾岸戦争の時に、アメリカ陸軍でこの戦車に乗っていた友人がいます。戦車のクルーにとって厄介なのは、戦車の車輪部分が壊れた時です。全クルーが協力して壊れた部分を取り換えなければなりません。肉体的に非常にきつい仕事です。

ところが、クルーの1人が女性で、これに協力するのを拒んだという話がたくさんあるのです。そうなれば、残りの男性クルー3人で、その仕事をしなければいけません。

女性差別になるので、それを報告することもできないのです。

また、歩兵隊を乗せているトラックが、隊員が用を足すために停車するとします。男性はトラックの右側で、女性は左側で用を足します。しかし、このように停車している間、運転手はトラックに機械的な問題がないか、トラック全体をチェックしなければなりません。もし運転手がトラックの左側に行けば、それは性犯罪です。そこへ歩いていくだけでも犯罪なのです。これでは、トラックの機械的な機能は損なわれます。

２０００年10月12日に、アメリカ海軍のミサイル駆逐艦コールが、アデン港で大きな爆弾攻撃を受け、艦は大打撃を受けたことがありました。

クルーは男女混合でした。爆弾攻撃を受けたとき、男性クルーは、緊急事態に対処する義務に取り掛かる前に、自分たちのガールフレンドが無事かどうか見に行きました。

船の惨事では、数秒が命とりになります。この艦は港にいましたが、もし外海にいたならば、クルーがガールフレンドの安否確認をすることは、艦を沈めることにもつながりかねません。

しかし、このようなことは、陸軍では正直には報告されません。なぜなら、フェミニストが差別だと攻撃するからです。

差別を声高に主張する黒人と白人女性

アメリカの白人女性は、自分たちがアメリカ社会の被害者だと思い込んでいます。そして、白人女性がこのような立場をとるので、黒人はさらに過激になるのです。

もちろん、黒人には歴史的に公民権を主張する正当な理由があります。しかし、奴隷制度は150年前に終わりました。

いまも偏見が続いているのは事実です。しかし、黒人は、大学の教授が試験の間違いを直すことすら、ポリティカル・コレクトネスを利用して止めさせます。例えば、人種差別だとみなされるのを恐れて、教授は黒人の英語の間違いを直すこともできません。そのような間違いは見過ごさなければならないのです。

では、英語を適切に話し、読み、書けない黒人は、大学卒業後にどうやって仕事に就けるのでしょうか？

自分が仕事を得られないのは差別であると主張して、法の力で手に入れるのです。

このようにして、多くの黒人や女性が、資格がなくても仕事を得る一方で、資格のある白人男性は仕事を得られない、ということが起きています。これは、連邦政府が少数派の雇用を促進する政策を取っているからです。

しかし、これは国民の間に恨みを生じさせます。

最近の大学では、多くの黒人学生が、黒人の分離を要求しています。例えば、黒人のためだけのフラタニティ（男子学生の社交クラブ）やソロリティ（女子学生の社交クラブ）です。そして、彼らは過去の黒人の話など、自分たちに好ましい教育を強調するように要求するのです。ここに、適切に教えることのできない教育者が関わると、問題です。

黒人の歴史の勉強は良いことですが、アメリカに住むのなら、アメリカの主流の歴史をまず理解しなければなりません。白人女性も同様です。彼女たちはアメリカ史における女性などといったジェンダー学を重要視し、主流のアメリカ史から遠ざかるのです。

このような考えは、アメリカに、統合された社会ではなく、別々の部族を作り出しています。アメリカは長い歴史がないので、このような教育は国家の将来を危険にさらします。

差別主義者というレッテル

私は、１９７０年代のベトナム戦争時代のデモを覚えています。当時、アメリカの黒人は、一般のアメリカ社会の一部として受け入れられたいと思っていました。今は分離を要求しているので、まったく違います。

でも、トランプ氏はアメリカ黒人票の18％と、白人女性票の53％を獲得しました。理由は、主に経済です。トランプ氏ならアメリカ経済を立て直してくれるとの希望からです。

しかし今は、差別偏見のない《ポリティカリー・コレクト》人たちや、フェミニスト（と一部の左寄りの男性たち）がどのように人々を攻撃するかについて話しましょう。

ポリティカル・コレクトネスの考えは、人を不快にする言動を排除するということです。だから、もし誰かが、他の誰かを不快にさせることを言えば、その人は破壊されるべきだ、という考えなのです。

例えば、古代ローマの詩人、オウィディウスの詩『メタモルフォセス』の中の、ペルセポネーの略奪の物語には、冥府の神プルートーがやってきて、女神ペルセポネーを強姦する場面があります。この詩は長い間、西洋文学の古典でした。

しかし、いまは、この詩は強姦について語っているので一部の生徒は動揺するかもしれません、と教師が生徒に最初に警告しなければならないことになっています。もし教師が事前に警告しなければ、生徒は文句を言い、教師は職を失うこともあり得ます。

楽しいはずのハロウィーンにも、難しいことがあります。ある有名人たちがアメリカ・インディアンの恰好をしたので、公に謝罪をしなければならなかったという記事を読んだことがあります。先住民に対して無礼である、差別しているというのです。

大学や職場でも、差別主義者であるとレッテルを貼られることを恐れるので、管理職は、ますます関係者を罰したり解雇したりするのです。

トランプ支持＝差別主義者か

アメリカ人は急いで結論に飛びつきます。

例えば、もし私がトランプ氏を支持していると言えば、人々は、私が人種差別主義者で、反女性主義の同性愛恐怖症だと叫ぶでしょう。私にたくさんのゲイと黒人の友人がいること、クリントン氏以外の女性政治家たちを尊敬していること、クリントン氏が当選した場合の私の一番の懸念は、日本の国民皆保険制度を壊すことであること、などは関係ないのです。

アメリカ人は人の言うことを聞かず、たった一つの発言から、私を敵だと結論付けます。

様々な発言に表れているように、トランプ氏の強い性格は、多くの左翼アメリカ人を怒らせました。これに対して、左翼の側からの、政敵であるトランプ氏の名誉を傷つける誹謗・中傷戦術は、激しいものでした。

しかし、多くのアメリカ人は、左翼の不当で偏った批判に非常に怒っていました。左翼メディアはトランプ氏に色々なレッテルを貼りました。例えば、女嫌い、人種差別主義者、ファシスト、同性愛嫌悪症。しかし、トランプ支持は決して弱まりませんでした。両者の溝は埋まりません。

これは、いかにアメリカがバラバラで、分裂した国になったかを示しています。左翼は右翼を理解せず、逆もしかりです。

銃規制に反対するアメリカの右翼

では、トランプ氏を支持したアメリカ人右翼とはどんな人たちでしょうか？

彼らは、自らの力で自分たちの自由と権利を守ろうとする人々です。

ですから、アメリカ人右翼の最大の懸念の一つは、民主党政権が自分たちの銃を没収することとです。事実、銃規制に前向きな発言を繰り返してきたオバマ大統領が大統領に就任した２００９年、銃の売上は飛躍的に増えました。

特にアメリカ人右翼にとって、銃は、自分たちの自己像の要となるものです。彼らは自分たちのことを、アメリカ史の中で未開の地に定住した開拓者のように、何者にも頼らない自立した人間だと思っています。

開拓者時代には、まだインディアンが支配していた土地に、多くのアメリカ人が入り込み、造作なく土地の所有権を主張し、次々と農場を作りました。当時は、政府も、法律も、権威となるものも、何もなかったのです。

その当時の開拓者と自分たちを重ねるというのは、現実離れした自己像としか言えません。

当時、生活は非常に過酷でした。病気になっても病院もなく、医者もいません。多くの開拓者が病気で亡くなりました。インディアンが襲ってきても、誰も助けに来てくれませんでした。多くがこのようにして亡くなりました。結局のところ、農場を作っていた白人たちは、インディアンの土地への侵入者に過ぎませんでした。

そのような時代には、銃を持って、自らの命と生活を守らなければなりませんでした。いまは明らかに違います。

しかし、今日のアメリカ人右翼は、自分たちは開拓者が持っていたのと同じ独立精神を持っていると思っています。そして、銃を所持することが彼らの自由を守っているのだと信じているのです。

銃によって自由と自立を守る

私がウィスコンシン州の田舎の高校生だった頃は、東西冷戦の真っ只中でした。アメリカにとって、ソ連は恐ろしい敵でした。「一般のアメリカ人が銃を持っていることが、ソ連によるアメリカ侵略を阻止しているのだ」と大人たちが話しているのを、私はよく聞いたものでした。

同じころ、私は、決してアメリカ人と議論をしてはいけない、ということも学びました。なぜなら、そうすると、すぐに暴力になるからです。

高校生の私でさえ、ソ連は、大西洋を渡って軍隊を運べる海軍を持っていないことは、理解していました。だからソ連によるアメリカ侵入は不可能だったのです。

しかし、アメリカ人に事実を言うことは決してできません。怒り出すからです。

アメリカ人右翼が、銃を所有しなければならないと思うもう一つの理由は、連邦政府から自分たちを守るためです。実際、地方のアメリカ人右翼は、連邦政府は、自分たちにやりたくないことを無理強いする敵だと思っているのです。

ここで、トランスジェンダーの人たちのために、どんな性別の人でも入れる公衆トイレを作ろうとする左翼フェミニストたちの影響が理解できます。

右翼は、とにかく、トランスジェンダーの人が好きではありません。そして、さらなる法律がワシントンDCの国会議事堂から作り出されても、地方のアメリカ人右翼はとにかく無視したいのです。何かを法律にすることは、彼らを苛立たせます。

そして、本音を言えば、地方に住む大抵のアメリカ人にとって、同性愛や異なる人種の人々は受け入れられないのです。とはいえ、南西部では、白人とヒスパニックは互いにうまくやっています。南部でも、黒人と白人は長く一緒に住んでおり、うまくやっています。幾分仲が良いです。

私がウィスコンシン州の田舎に住んでいた時、町に黒人の家族が一世帯ありました。彼らは、仲間はずれにされていました。

私は高校生の時、学校の帰りに食料品店でバイトをしていました。夏には、その地域にメキシコ人労働者たちがやってきて、農場で働いていました。私はフランス語を話し、彼らはスペイン語を話したので、私は彼らがスーパーマーケットに入ってくると助けてあげました。私たちは、基本的に、お互いを理解できました。

しかし、他の白人の店員たちは、私がそうすると怒っていました。彼らは、メキシコ人を人間と思っていなかったのです。

同様に、ゲイはアメリカの田舎では嫌われており、時にはゲイであるというだけの理由で殺されます。だから、ゲイはリベラルな街、特にニューヨーク、ロサンゼルス、サンフランシスコに集中するのです。

トランプ氏は人種差別主義者で同性愛恐怖症？

左翼メディアがドナルド・トランプ氏のことを人種差別主義者で同性愛恐怖症だと非難しているのを聞いて、私は、ちょっと待てよ、と思いました。彼はニューヨーク市の不動産ビジネスで金儲けをしました。彼は、異なる言語を話す人々、異なる人種、多くのゲイなど、多くの人々と働く必要があったはずです。

もちろん、ニューヨーク市では英語でビジネスがなされますが、皆がネイティブ・スピーカーではありません。

私はニューヨーク市に2年間住みましたが、大好きでした。しかし、もし深い偏見を持っていたら、それは言葉や態度に表れるものであり、ニューヨーク市のような多文化、多民族都市の街で、成功などできないでしょう。

〝貧者が富者にたかる〟国民健康保険

また、アメリカ人右翼は、どのような国民健康保険制度にも強く反対します。そんな制度は、社会主義、あるいは共産主義だとまで思うのです。彼らは、他の人のために一銭も払いたくありません。誰かがたかり屋となり、お金も払わずに治療を受けることが不安だ、と彼らはよく言います。国民健康保険制度について右翼が持ち出す議論は、いつも、増税です。

これも、右翼の〝開拓者〟としての自己像の一部です。自分の身は自分で守れ、ということです。

しかしながら、彼らも自分たちが病気になった時には、もちろん誰かに助けてほしいと思うのです。これは、アメリカ人の残念な真実の一つです。彼らは非常に自己中心的なのです。これは、右翼にも左翼にも当てはまります。

一方、左翼は国民健康保険制度に賛成していますが、彼らの多くがその実現のために、もっと税金を払ってもよいと考えている、とは思えません。それより、政府が他の分野の予算を打ち止めにすることを要求するでしょう。

私は、現在日本で、国民皆保険制度に頼っています。私は、若い頃もいつも保険料を払っていましたが、制度を利用したことは一度もありませんでした。しかし、私はいま、ありがたく思っています。数年前、病気になり、病院に2週間半お世話になる羽目になったからです。

その時の医療費の請求書は妥当な額でした。しかし、アメリカでは、医療のコストは常識外です。虫垂炎の手術に9000ドル（約1千万円）かかります。病気になる人は、大抵、自分の死か家族の貧困かのどちらかを選ばなくてはなりません。

2010年3月、オバマ大統領のもとで、オバマケアが設立されました。これは、医療費が非常に高額なアメリカで、誰もが適切な医療を受けられるようにするために、国民に一定の基準を満たした医療保険への加入を義務づけた制度です。保険料の支払いが困難な中・低所得者には補助金を支給するなどして、全国民の保険加入を目指しました。しかし、非常に複雑で大いに欠点があります。さらに、もし何の健康保険にも加入していなければ、1年に2000ドルもの罰金を政府に払わなければいけないのです。

おまけに、オバマケアの費用は、2017年に大きく増加する見込みです。

オバマケアの導入で、健康状態の悪い保険加入者を断れなくなったため、保険金の支払いが急増し、それを補てんするために保険料の引き上げが広がっているのです。

この企業の貪欲さが、すでに述べたように、ドナルド・トランプ氏の人気と、現在のアメリカを波立たせる混乱の原因なのです。

アメリカ人が真面目に信じる陰謀説

陰謀説は、アメリカの田舎では、まことしやかにささやかれ、広まっています。

その一つは、アメリカ政府は、実は、イルミナティ（狂信的グループ、秘密結社のこと）、国際銀行家、あるいはロスチャイルド家に支配されているというものです。

その他に、こんなものもあります。

無印の黒いヘリコプターに乗った国連軍が、間もなくアメリカのすべての場所に飛んできて、アメリカを支配するでしょう。月は異星人の宇宙船です。クリミア半島には６５００万年前のピラミッドがいくつもあり、中の王座には、恐竜の骸骨が王冠をかぶって座っています。コロラド州デンバー空港の地下室には、地球の恐竜の子孫である知的生物と、実在の宇宙人がいます…。

恐らく、昼食時にデンバー空港の地下へ行くのは賢明ではないでしょう。

冗談はさておき、左翼、右翼にかかわらず、全てのアメリカ人が、これらのことを真面目に信じています。

非常に多くの大学がある国に住んでいる割には、彼らはあまり学んでいないのです。

しかし、黒いヘリコプターの国連軍の話は、基本的に、右翼しか信じていません。

働かなくても裕福になれる奇跡願望《アメリカン・ドリーム》

また、アメリカには、強い奇跡信仰があります。私がいつも購読している経済学者の資料では、これを「カジノ文化」と呼んでいます。一攫千金、棚からぼたもち、と言い換えてもいいでしょう。要するに、苦労せずに、容易《たやす》く、思いがけない幸運を手にすることです。アメリカ人は、このように、瞬時に裕福になれる奇跡というものを信じています。

イエスの顔の焼き目が現れたチーズ・サンドイッチが新聞記事になるのも、このためです。これを持っていたり、それに向かって祈ったりすると幸運が訪れ、願いが次々と叶うというわけです。イエスの顔が現われたパンケーキはeBayで1万5000ドルで売られました。聖母マリアをつららの中に見つけた人たちもいますが、これを、

eBayで売るのは難しいでしょう。

私が若いころアメリカにいたときは、合法カジノはニュージャージー州とネバダ州の２州に限られていました。いまは、どこにでもあります。しかし、全州でカジノ賭博を許可しているのは、ルイジアナ州とネバダ州だけです。ニュージャージー州では、アトランティックシティだけで許可されています。

しかし、カジノはどこにでも存在するのです。

どうしてでしょう？　実は、こんな抜け穴があるのです。

アメリカのインディアン居留地は、国内の独立した国だとみなされています。もちろん、彼らは米連邦政府が行なう外交をすることはできません。そして、アメリカの通貨を使わなければなりません。しかし、それ以外の多くのことについて、彼らは自分たちで法律を作ることができるのです。このため、インディアン居留地の多くがカジノを持ち収入を得ているのです。

20年前、私が初めてニューヨーク市に来た時、私は日本人の友人から1日の仕事を得ました。日本のテレビ局のクルーがカジノを撮影したいということで、私が通訳としてついて行ったのです。私たちはコネチカット州のマシャンタケット・ピクォート族を訪ねました。居留地はニューヨークとボストンの間にあり、ビジネスには最適の場所でした。

着いてみると、そこは独立した国でした。国のサイズは、東京にたとえて言うなら、代々木駅から新宿歌舞伎町の北あたりまでの広さで、マシャンタケット・ピクォート族の人口は、当時、約325人でした。彼らのカジノは盛況で、収入と無料の医療サービスを提供され、働く必要はありませんでした。

こうしたカジノに、瞬時の奇跡を夢見たり、即座に裕福になる幸運を求めたりして、非常に多くのアメリカ人が足を運ぶのです。

私は、42年前にアメリカから日本に来た時、人々がとてもよく働きお金を貯めるのを見て驚きました。適度にお金を得て幸せに暮らせるためには、アメリカ人のように、棚ぼたの奇跡を期待するよりも、日本人のやり方の方が、ずっと良い方法だと実感しています。

トランプ氏を支持した右翼組織

さて、私が、ドナルド・トランプ氏の当選に極めて重要な影響を及ぼしたと思う右翼組織についてお話しします。

一つめの組織、アメリカの民間武装集団（ミリシア）については、気づいている方もいらっしゃるでしょう。しかし、二つめの組織、つまりキリスト教原理主義者の組織は、組織外の人は、ほとんど気づいていません。

まず、アメリカの民間武装集団（ミリシア）の話から始めましょう。

激増するアメリカ民間武装集団

ミリシアという単語は、ミリタリー（軍隊）と関係があることをほのめかしています。一般的に、ミリシア（民兵）とは、民間の普通の仕事に携わるごく普通の市民ですが、いくらか軍の経験と訓練を積んでいるので、敵の侵略などの緊急時に、正式な軍隊とは別に予備軍として結成される人々のことです。

しかし、現在のアメリカでミリシアというと、正式な軍隊や連邦政府とは明らかな関係がない民間の武装グループを意味します。実のところ、彼らは連邦政府を自分たちの一番の敵とみなしているのです。

コラム「アメリカ民間武装の実態」

アメリカ軍とは、アメリカ合衆国の全ての軍隊を指す言葉だ。陸軍、海軍、空軍、海兵隊、沿岸警備隊の５軍が連邦政府の指揮下にある連邦軍であり、その他にも各州知事の指揮下に州軍がある。これらがアメリカの正規軍と呼ばれるものである。

これに対し民兵（militia）とは、正規軍に属さない民間人によって組織された武装組織であり、市民ミリシアとも呼ばれている。銃の保有はもちろん、自動小銃や爆発物を所有しているグループもあり、日本人の想像を超えた組織だ。

民兵組織には大小様々なグループがあるが、大部分は白人のクリスチャンで構成され、保守的、国粋主義的な傾向が強い。人種差別主義団体としてよく知られているKKKなども独自に武装しており、民兵組織の一つである。

これら民兵は統一的な組織ではないのだが、互いに協力して政府と対立する場合もある。有名な例は、2014年４月に、ネバダ州のバンディー氏が連邦政府から農場を強制的に閉鎖されそうになった際のケースだ。この時、バンディ氏支援のために武装した5000人もの人々が集まり、他州の民兵組織もバンディ一家への支援を表明した。武装した当局の職員と一触即発の状況となったが、最終的に政府はバンディ氏の権利を認めている。政府も民兵を無視することはできないのだ。

この事件の背後には中国企業の太陽光発電計画への土地使用とそれに癒着する民主党上院議員の存在が指摘され、その点も保守派白人層の反発が大きかったようだ。

アメリカ国民は、合衆国憲法修正第２条によって武器を保有する権利が保障されており、民兵組織が存在できる根拠もここにある。この条項はもともとはアメリカがイギリスから独立する際に各州の憲法に定められた条項が基になっているもので、一部の白人たちにとっては、建国の基本理念とも結びつく重要な条項なのである。彼らにとっては、自分たちの権利を守るために武力を行使することは至極当たり前のことであり、格差の拡大するアメリカでは、彼らの活動も過激さを増している。

このような組織は、第二次世界大戦の前と、1980年代にも存在していました。しかし、90年代半ば以降、ミリシアの数は激増したのです。

これは、アメリカ中流階級の生活水準の低下とともに起こりました。ですから、ミリシアが増えた理由の一つに、経済的なものが考えられます。

彼らは、自分たちのことを、独立精神に富んだオールド・ウェストの開拓者の伝統に倣った、真の愛国者とみなしています。しかし、連邦政府は彼らを抑圧する方向に転じたのです。ですから、彼らは、連邦政府に抵抗することが自分たちの愛国的な義務だと感じています。

アメリカの左翼政治家たちは、彼らを無視し、気が狂った人たちの集まりだと嘲っていました。彼らは気が狂ってはおらず、完全武装しており、数も多いのです。

その数は、アメリカで約10万人と推定されています。

全米に1400ほどのミリシア・グループがあり、それぞれのグループに、数百から数千人のメンバーがいます。

オース・キーパーズのリーダーであるステュワート・ローズは、同グループには３万人のメンバーがいると言っています。しかし、私は、そのうちの多くのメンバーは、他のグループにも所属していると思います。

このオース・キーパーズという名前には意味があります。連邦政府が腐敗し、アメリカ合衆国憲法への誓いを守っていなくても、自分たちは誓いを守る（keep oath）という意味です。彼らは、一市民として、憲法の意味を決める権利と義務があると信じているのです。

自分たちをⅢ%《スリーパーセンターズ》と呼ぶグループもあります。この名は、アメリカ独立戦争で３％のアメリカ人の植民地住民がアメリカ革命軍として戦ったことに由来しています。

これらは非常に愛国的な名前です。しかし、すでに書いたように、彼らは自分たちが憲法の意味を決める権利を持っていると信じているのです。さらに、もし連邦政府が自分たちに不当な法律を押し付けようとするならば、暴力による抵抗をする義務と権利があると信じているのです。

左翼のフェミニスト的な人々が、トランスジェンダーの人々の権利を守るため、全国の公共の場に男女兼用トイレ設置を義務付けるよう、オバマ政権に要求していますが、それが深刻な問題の発端となっていることがわかります。

ミリシアを怒らせた二つの出来事

ポリティカル・コレクトネスの他に、ミリシアをひどく怒らせた二つの出来事を見てみましょう。

ルビー・リッジ

ランディー・ウィーバーという男性がアイダホ州の田舎に移り住み、ルビー・リッジという場所に土地を買いました。あてにならない情報提供者からの怪しげな情報に基づき、様々な連邦政府の職員が、ランディー・ウィーバーは地下組織に関係し、違法な武器を持つ、危険人物だとの疑念を抱いていました。

ウィーバー氏と政府との間の問題はエスカレートしていきました。１９９２年、複数の政府調査官たちが、彼の小屋を取り囲み、降伏を要求しました。

適切な交渉が始まる前に、政府は発砲しました。ウィーバー氏の妻と息子は殺され、飼っていた犬と連邦保安官も殺されました。

その後の取り調べで、政府の対応は、不適格なやり方で処置を誤ったという判決が下されました。

テキサス州ウェーコ

これは、全米を唖然とさせた51日間に及ぶ包囲攻撃でした。ブランチ・ダビディアンは、終末論的なキリスト教のカルトグループでした（注：セブンスデー・アドベンチストの分派からさらに分裂したプロテスタント系の新興宗教グループ）。

日本にも多くの新興宗教団体があり、そのいくつかはカルト集団とみなされています。しかし、西洋のキリスト教カルト集団には、特筆すべき点があります。それは、彼らは新約聖書のヨハネの黙示録に心を奪われ、この世の終末は近いと信じていることです。

このようなグループは自殺行為を行ない、それにより他人に危害を及ぼします。ブランチ・ダビディアンの場合、彼らは非常に秘密主義で重武装していました。彼らはテキサス州ウェーコ付近の農場にある共有の敷地に住んでいました。

ＦＢＩと他の連邦政府関係機関は、彼らが違法な武器を持っているかもしれないとして捜査を始めました。

51日間に及ぶ成果のない交渉の後、ＦＢＩは敷地に押し入りました。銃撃が始まり、多くの子どもを含む敷地内のすべての住人が死亡しました。

２０００年に終了した調査では、発砲はダビディアン側から意図的になされた、と結論付けられました。

ＦＢＩは、燃える建物の中で住人たちがゆっくりと焼け死んでいくのを見ながら、住人に建物から出てくるように求めましたが、彼らは抵抗し、代わりに死を選びました。

私は、この事件を記事にした時の『ニューズウィーク』誌の表紙を覚えています。燃えている建物の屋根の写真で、屋根の上には黒こげのＭ－60マシンガンがありました。このマシンガンは、発砲するのに二人を必要とし、軍隊だけが使用を許可されているものです。普通の市民が所持するのは違法でした。

もしこのような人々が近所に住んでいたとしたら、私は非常に緊張するでしょう。

しかし、この二つの出来事は、現在のミリシア運動を活発化させ、右翼の中に〝連邦政府はアメリカ人の敵だ〟という感情を呼び起こしたのです。

オクラホマ市

1995年4月19日、ティモシー・マクベイがオクラホマ州オクラホマ市の連邦政府ビルを爆破しました。彼は168人を殺し、その中には、建物の1階のデイケアセンターにいた子どもたちも含まれていました。

私は東京のアメリカ大使館で働いていた、その爆破事件の生存者に会いました。彼は、爆発の数秒前に自分のデスクから立ち上がり、コピーを取るためにコピー機のところへ行ったので、命が助かったと言っていました。彼のデスクと彼の同僚は皆消えていました。その階のコピー機の周りだけ、無事だったのです。彼は回復するまでに、20回もの手術を受けなければなりませんでした。

犯人は、裁判で、この爆破はウェーコの包囲攻撃に対する報復だと言いました。彼はいくつかのミリシア・グループとつながりがありましたが、彼が実際にどこかのグループのメンバーであったかは立証されませんでした。マクベイ氏は死刑を宣告・執行されました。

ミリシアの勝利

ミリシアは、連邦政府に対して、いくつかの作戦を成功させています。有名なのは、バンディ牧場の決闘です。

ネバダ州の農村経営者クライブン・バンディ氏は、20年間も法的な争いが続いた後、２０１４年に、連邦政府の土地から畜牛を退去させるよう命じられました。

彼は、土地は自分のものだと主張し、要求された放牧料を払うことを拒みました。

法廷が畜牛を退去させるように命令したにもかかわらず、彼はその命令を拒んだので、2014年3月28日、約200人の連邦政府の役人が畜牛を囲い込み、没収し始めました。

それに対して、少なくとも1500人の武装したミリシア・メンバーが、彼らの前に立ちはだかりました（ミリシアは、そこには5000人いたと主張しています）。連邦政府の職員は拳銃しか持っていませんでしたが、ミリシア側は自動小銃で完全武装していました。

大量殺戮を避けるため、連邦政府の職員たちは引き下がりました。畜牛はまだそこにいて、バンディ氏は、土地利用の料金を一銭も払っていません。

これは、ミリシアにとって大きな勝利でした。参加したグループには、オース・キーパーズとIII%《スリーパーセンターズ》の両者も含まれていました。

２０１６年1月2日から同年2月11日にかけては、クライブン・バンディ氏の息子アモン・バンディ氏を含む武装グループが、オレゴン州のマルヒュア国定鳥獣保護区を占拠しました。彼らの目的は、全ての連邦政府の土地を、その土地がある州に管理させるように、連邦政府に要求することでした。占拠は穏やかに終わり、メンバーの何人かは法廷で有罪を認め、他のメンバーたちは全ての容疑で無罪になりました。

政府に代わり国境をパトロールするミリシア

ミリシアが主張するには、22ほどの組織が、ここ数年間、アメリカとメキシコの国境を自動小銃を持ってパトロールしています。不法移民がアメリカに入るのを止めるためです。彼らは、まだ発砲はしていませんが、米国境監視員に、どこから不法入国者が渡って来ているか報告しています。

2016年10月、カンザス州で、3人のミリシアメンバーが逮捕されました。彼らは、カンザス州のガーデン・シティにあるソマリア人が多く住むアパートを爆破する計画の罪で告訴されました。爆破は選挙の日に実行される予定で、彼らの目的は、アメリカで内戦を引き起こすことでした。

ミリシアは、恐らく彼らが主張するような人数で、メキシコとの国境をパトロールしてはいないでしょう。しかし、彼らは何年にも亘って、実際にパトロールを続けています。米連邦政府は、あえて彼らを中断させることはしません。一般人の反乱が起こる可能性があるからです。

しかし、これは連邦政府による主権の放棄です。非常に重要なことです。

私は、ゲリラ戦、あるいは人民戦争について深く研究しました。アメリカ政府は暴動が広がるのを許し、最初の局面で負けています。ミリシア組織、あるいはゲリラ軍は存在し、勝利してきているのです。

一般投票を覆そうとする左翼のキャンペーン

投票日の数週間前、私はミリシアの一つ、オース・キーパーズのリーダーであるスチュワート・ローズのインタビューをユーチューブで見ました。彼は、次のように言っていました。

「右翼にとって、サンダースはマルクス主義で、クリントンは政治的に腐敗したマルクス主義だ。両者とも受け入れられない。左翼にとってトランプ氏は受け入れられない。もしトランプ氏が勝てば、左翼は彼を排除するために何でもやるだろう」

選挙の結果、トランプ氏が当選しましたが、左翼は、彼が就任する前から、すでに彼を排除しようと、いろいろ画策してきました。

これが現実となる可能性が一つあります。選挙は行なわれました。しかし、選挙で選ばれた各州の選挙人による選挙が、12月19日に行なわれます。彼らはそれぞれの州議会議事堂で投票し、この結果を、アメリカ連邦議会が1月6日に承認します。

選挙人団のメンバーは99%、一般投票で誓約した通りに投票します。しかし、過去に票を変えた人もいました。これは「不誠実な選挙人」と呼ばれます。

過去すべてのアメリカ大統領選挙において、これは単なる技術的な手続きであって、問題ではありませんでした。しかし、この選挙には、非常に大きな憎しみと悪意が絡んでいます。ひょっとすると、選挙結果を覆すような結果が出ないとも限りません。

現時点で、左翼の中で、結果を覆し、クリントン氏か他の共和党候補を大統領にしようという強いキャンペーンがあることも事実です。

激戦州の票の数え直しを要求する動きもあります。トランプ氏が制したウィスコンシン州、ペンシルベニア州、ミシガン州の3つの激戦州で、第3党「緑の党」の大統領候補だったジル・スタイン氏が票の再集計を求めており、クリントン陣営もこれに

コラム「アメリカの選挙制度」

アメリカ大統領は国民の投票の結果によって選ばれる。しかし、それは単純な直接選挙ではない。実は国民からの得票数だけを見れば、2016年の大統領選で、クリントン候補はトランプ氏を200万票ほど上回っていたのである。これは反トランプ派の人々にしてみれば納得のいかない話だろう。トランプ氏が得票数で下回っていたにも拘わらず勝利できたのは、選挙制度の独特な仕組みのためだ。

アメリカ大統領になるためには、予備選挙と本選挙で勝利する必要がある。予備選挙は党の候補に指名されるための選挙で、本選挙は他党候補との争いだ。

現実問題として、大統領になるためには、まず二大政党である共和党か民主党のどちらかの候補に選ばれなければならない。二大政党それぞれの候補を選ぶのが予備選挙で、7〜8カ月もの時間をかけて行なわれる。その一つの山場は、3月にあるスーパーチューズデーだ。多くの州で同時に予備選挙が行なわれ、ここでの結果は非常に重要視される。トランプ氏は、予備選挙で11州のうち7州で勝利し、勢いに乗って他州でも勝利を重ね、共和党の指名を獲得している。

本選挙では、各州ごとに選挙人と呼ばれる人が選ばれ、最終的には、この選挙人が投ずる票の数によって大統領が決定される。選挙人は、予め、どの候補に投票するかを宣誓しており、選挙人を選ぶことは、どの候補を大統領として支持するかを間接的に投票することだと言える。

各州の選挙人の数は、連邦上下両院の合計議席に応じて決められており、最も多いカリフォルニア州で55人、最も少ないワイオミング州などで3人となっており、勝利した候補者は、その州の選挙人を全て獲得することになる。

つまり、選挙人の数が多い州で効率良く勝利できれば、全体の得票数が負けていても、より多くの選挙人を獲得できる可能性があるわけだ。総得票数の少なかったトランプ氏がクリントン候補に勝利した理由も、ここにあった。

参加すると言っています。

オース・キーパーズのローズ氏の話を聞いていると、これらが現実となった場合、即刻内戦になるでしょう。尊大な左翼はミリシアの人々を見下し、右翼のことも概して見下しています。右翼の人々は、これに怒っています。これは致命的な誤りです。

黒人への過度な擁護に苛立つ右翼

アメリカ国内の右翼と左翼との間で内戦になった場合、ローズ氏は、軍と警察は、基本的には右翼の側に立つと言っています。私も同感です。

左翼が警察を苛立たせてきた原因の一つは、警察に撃たれた黒人の主張を常に擁護してきたことです。

２０１４年８月、ミズーリ州ファーガソンで、黒人のマイケル・ブラウン氏が警官によって銃殺された後に起こった大規模な人種暴動に、世界は注目していました。

左翼メディアは、警察は、黒人を黒人であるという理由だけで撃ち、非常に人種的偏見を持っていると伝えました。しかし、彼らが意図的に報道しなかったことは、マイケル・ブラウンは事件の数時間前に、店から葉巻を一箱盗んでいたということです。その窃盗はビデオに映っていました。

この情報を知っていた警官は、彼に近づくとき非常に用心していたはずです。彼は強盗だったからです。ですから、不審な動きがあれば、即座に撃ったでしょう。

私も警官に銃を突き付けられた経験があります。20年前にニューヨークに住んでいたときのことです。当時のガールフレンドと、路上で言い合いになりました。この女性は日本人でしたが、激しい気性の持ち主でした。彼女はいつも、すべてを自分の思い通りにしたいと思っていました。私は、彼女を落ち着かせるため、通りから私のアパートへ連れて行こうとしました。

すると突然、二人のニューヨーク市の警官が目の前に現れました。拳銃に手をかけています。私はとっさに降伏のポーズを取りました。ゆっくりと手を外側に出し、手のひらを開き、警官を直接は見ないようにして、下を向きながら言いました。「お巡りさん、私たちは喧嘩をしていました。すみません」

私が何か素早い動きをしていたら、警官は恐らく銃を撃っていたでしょう。この場合、私の行動は状況を落ち着かせました。

しかし、アメリカはとても危険で暴力的な場所です。警官は頻繁に殺されるのです。実際、2015年の夏、怒った黒人たちが警官数人を待ち伏せして襲い、殺すという事件が発生しました。アフリカ系アメリカ人防衛同盟（African American Defense league）や、新ブラックパンサー党といった、あからさまに白人との人種戦争を呼び掛けている黒人の組織もあります。

彼らはアメリカの人口の13％で、北部では都市部に住んでいます。人種差別や憎悪問題を扱う米人権団体「南部貧困法律センター」によると、２０１５年末時に確認された憎悪団体の数は８９２で、前年に比べて14％増えています。このうち、新ブラックパンサー党のような黒人の憎悪団体は１８０で、前年から約６割も増えています。

内戦になったら、こうした黒人の住む地域への食糧供給は止まるでしょう。そうなれば、黒人はひどく負けるでしょう。

警察に厳しい報道をしている左翼メディアは、状況をさらに悪化させています。差別偏見のない《ポリティカリー・コレクト》アメリカでは、どんな状況でも黒人を批判できず、警察が悪いとされてしまいます。そうなれば、黒人の犯罪への歯止めがなくなり、警官の間にも不満や怒りが鬱積《うっせき》し、ますます人種間の対立は深まるばかりです。

黒人の犯罪にうんざりしている黒人右翼の存在

実は、2015年の事件で殺された警官の中には、黒人警官も複数含まれていました。また、右翼ミリシアのビデオでも、数人の黒人メンバーがいるのを見たことがあります。

ウィスコンシン州のミルウォーキー郡の郡保安官は、もしトランプ氏が当選しなかったら内戦になるだろうと言いました。彼は黒人ですが、黒人の犯罪にうんざりしているのです。

ミルウォーキーでは、2016年8月、警官が黒人を撃ったことにより、深刻な人種暴動が何回か起こりました。しかし、黒人郡保安官はアメリカのリベラル左翼メディアに怒っており、トランプ氏を望んでいるのです。

トランプ候補非承認で起きる内戦の筋書き

ローズ氏は、内戦になれば左翼は「踏みつぶされる」だろうと言います。これは彼の言葉です。

私もそう思います。アメリカの左翼は非常に甘ったれで、彼らはポリティカル・コレクトネスを武器に、他人を自分たちの望むように動かすのです。左翼は、社会から保護され優遇され、特権を持っているため、困難を知りません。彼らには精神的にも肉体的にも、戦争を戦う能力はないでしょう。

右翼は基本的に労働者階級で、現在のアメリカの格差社会においては、生きるために毎日戦っています。右翼は精神的に、左翼よりもずっとタフです。

ローズ氏は、内戦が始まれば大量殺戮が起きるだろうと予測しており、ここでも、私は同感です。アメリカ社会には、実に憎悪がありすぎます。

ローズ氏は兵士階級についても語っています。ベトナム戦争以降、アメリカで徴兵召集はありません。軍隊は厳密に志願兵のみに限られています。徴兵制の下では、アメリカ社会のすべての人々が軍隊に入る必要があり、軍隊はアメリカ社会のあらゆる人々の代表でした。

ベトナム戦争の終結以降、基本的に右翼的な考えを持つ人だけが軍隊に入っています。私もその一人です。

私は、高校卒業後すぐにアメリカ海兵隊に志願しました。高校の他の生徒たちは皆、軍隊に入る私を嘲笑い、馬鹿と呼びました。左翼に属する人々は軍隊に入りません。

私は、海兵隊訓練のおかげで、基礎的な歩兵隊のスキルがあります。これらのスキルを他の人たちに教えることもできるでしょう。

内戦になれば、地方の右翼に対して都市部の左翼というゲリラ戦になるでしょう。

都市部への食糧供給は止まるでしょう。一般的なスーパーマーケットには、町の３日分の食料があります。そのあとは、無秩序状態となるでしょう。

大都市にトラックが食料を運ぶのを阻止するために、道路沿いに爆弾を仕掛けたり、バリケードを置いたりするのは簡単なことです。送電タワーを爆破することも簡単です。町に電気は届きません。

軍事アナリストは〝タネライト〟がオンラインで買えることを発見しました。これは、硝酸アンモニウムと粉末アルミニウムでできた爆薬です。第二次世界大戦中、爆弾を作るのに使われました。

いま内戦が起きれば、すべてのトランプ支持者が、左翼との戦いにおいて、実質的にミリシアを支持するでしょう。そして、どの内戦にも、強い宗教的要素が出てくるはずです。そこで最も大きな役割を果たすのが、キリスト教原理主義です。

次章では、そのキリスト教原理主義組織について書きたいと思います。

第5章　アメリカを動かすキリスト教原理主義

キリスト教原理主義の源流

キリスト教原理主義について説明しておくことは非常に重要です。というのも、これは現在、アメリカの右翼で最も有力な政治勢力となっているためです。世界中やアメリカ国内でも、このことに気付いている人はほとんどいません。

キリスト教原理主義とは、基本的に、聖書には間違いがないこと、つまり聖書は絶対的真実であるという信仰です。例えば、近代科学の発展した今日でさえ、原理主義者は地球が6日間、つまり144時間で創られたと信じています。

現在のキリスト教原理主義運動《ムーブメント》は、アメリカで三回目のものです。

最初の運動は、1730年代と1740年代にアメリカの植民地で起きました。「第一次大覚醒」と呼ばれます。二番目は、1790年に始まり、1800年から

１８２０年の間に非常に力を得た「第二次大覚醒」です。

現在の運動は、第二次世界大戦の前に始まりました。

これらの運動は、どれも、信仰の原点、すなわち神の言葉が書かれている聖書に立ち戻ろう、というものです。

なぜその中で、今回の第三の運動が特に重要かというと、最初の二つの原理主義再生運動とは違い、彼らは、この社会において彼らの思うような神の国を実現するために、政治的な力を得ようと決めたからです。

１９８０年にロナルド・レーガンが大統領に選ばれたとき、彼らは、共和党保守派の候補が票を獲得するための重要な勢力となりました。

アメリカ新生の野望

彼らが政治力を得ようと決めた理由は、新しいアメリカを創るためです。第一次からと第二次の運動《ムーブメント》には、自分たちの考える純粋なキリスト教を反映させたいという願望がありました。

しかし、現在の運動は違います。彼らは、より積極的なアプローチをとっています。彼らは、アメリカ、そして後に世界で、自分たちのキリスト教国家を創るために政治力を欲しているのです。

彼らの哲学の核心は七つの山です。それは、ビジネス、政府、家族、宗教、メディア、教育、エンターテイメントです。彼らは、もしこれらの分野がキリスト教原理主義者によって完全に支配されたら、世界平和を達成できると思っているのです。この７つの山については、後で語ります。

この考え方は、もし皆が同じなら世界は平和になるという、非常に典型的なアメリカ人の考え方です。アメリカ人は個性を伸ばそうとするというプロパガンダを、あまりに多くの日本人が信じています。違います。皆同じでなければならないのです。

日本では、本音と建て前という概念があります。人々が建て前に配慮する限り、他人の個人的な人生には深入りしません。

アメリカでは、人はあなたの最も奥深い考えに介入してきます。あなたも、他の皆と同じでなければならないのです。もしあなたが違うのであれば、あなたは破壊されます。

原理主義者の驚くべき信念

七つの山の哲学と、キリスト教原理主義者が意味することを見てみましょう。

ビジネス：すべての企業で最高経営責任者（ＣＥＯ）はキリスト教原理主義者であるべきだとします。彼らによれば、他の宗教を信じている人は、ＣＥＯになることを禁じられるべきであり、アメリカの抱える経済問題は、どれも宗教を基準にして行なっていないことから生じています。よって、彼らは、すべてのビジネス活動は教会が管理するべきであり、ビジネス的な解決はまず神様にお祈りしてからするしかないと考えています。

政府：彼らによれば、アメリカ建国の父たちはキリスト教の基準によってアメリカを創りました（実はアメリカ憲法には宗教の自由と共に無宗教の自由が入っていますが、自分たちの都合の良いように解釈しています）。また、すべての政治家はキリスト教原理主義者であるべきです。他の宗教を信じている人は、政治家になることを禁止されるべきです。他の政府の役人もしかりです。非キリスト教原理主義者に選挙権は与えられるべきではありません。

家族：キリスト教原理主義の信仰に沿った価値が教えられます。アメリカでは離婚率は50％近くにまで増加しています。彼らによれば、この原因はポルノと中絶容認のせいです。よって、ポルノと中絶はアメリカ社会から抹殺すべきだと考えています。これからの結婚は、すべて教会により法的に管理され、神の前での契約であるべきです。そうなれば、離婚は大変難しいでしょう。

宗教：キリスト教原理主義がアメリカで卓越した宗教、つまり正式な国教となります。他の宗教は二流の位置づけで、抑制されます。キリスト教原理主義者の本心は、特に、モルモン教とイスラム教信者の数が増えないよう、法的にキリスト教原理主義以外の宗教をアメリカで禁止したいと考えています。

メディア：キリスト教原理主義者だけがメディアで働くのを許されます。

教育：現在アメリカの教育は現世的過ぎ、宗教的ではないと考えています。キリスト教原理主義者の考えに基づく道徳を教えず、無神論と進化論を教えています。彼らによると、これが、アメリカの教育基準の低下と学校暴力の原因です。昔のアメリカのキリスト教の根源的な教育に戻れば、問題はすべて解決できると考えています（しかし実は、歴史的に、アメリカの教育はキリスト教が基準ではありませんでした）。

エンターテイメント：キリスト教原理主義者だけがエンターテイメントの分野で働くのを許され、すべてのアメリカの芸能界の映画、音楽、芝居、テレビ番組はキリスト教原理主義の基準で管理するべきだとしています。それ以外の芸能と芸術は禁止です。

彼らは、実世界でこれらの分野は罪にまみれていると信じています。

エンターテイメントの分野では、私も彼らに同感です。私は、ビル・クリントンのお面をつけた人にマイリー・サイラスがオーラルセックスをしているミュージックビデオを見たことがあります。彼女は、これを歴史的に見て教育的だと言いました。

また、レディー・ガガが、ピアノを弾いている時に女性の上に吐くのも見ました。ラップの歌詞は暴力的なセックスと他の暴力で満ち溢れています。

アメリカの芸術世界がこのレベルまで低下したことを悲しく思います。

進化論や同性愛者を否定

学校では、キリスト教原理主義者は我々が知るような科学を教えなくなるでしょう。彼らはもちろん進化論を信じていません。聖書の説明を厳格に理解しているのです。彼らはこれを天地創造説と呼びます。公立高校で天地創造説と聖書に基づいた教育を許可している州が二つあります。テネシー州とルイジアナ州です。しかし、特にフロリダなど、他の州でも、公立学校で教えているところがあります。

彼らにとって、公立学校は罪深いので、約150万人の生徒が学校に通わず、自宅にいてホームスクールで学んでいます。

また、キリスト教原理主義者は、ゲイに対して極度に偏狭です。彼らは、ゲイは異性愛に転換するか、処刑されるべきだと思っています。

２０１４年に、ウガンダは世界が注目する法律を通しました。ゲイは処刑されるというものです。法律が成立する前、アメリカ人キリスト教原理主義者数人がウガンダ大統領を訪問していました。そのうちの一人は、世界でも反ゲイ活動で知られているスコット・リブレイでした。

世界の終末を待ち望む人々

アメリカ軍には従軍牧師と呼ばれる宗教専門の将校がいます。彼らの役割は、軍隊に礼拝とカウンセリングのサービスを行なうことです。彼らは、将校の階級は与えられていますが、命令することはできず、戦闘にも参加しません。いかなる武器も持ちません。

彼らは教会から派遣された志願者です。彼らのほとんどはキリスト教徒ですが、仏教徒やイスラム教徒の従軍聖職者もいます。

長年かけて、キリスト教原理主義運動はアメリカ軍の牧師部隊に入り込んでいます。現在、3分の1から2分の1ほどの牧師がキリスト教原理主義者です。彼らは、陸軍と空軍で優勢ですが、海軍ではそれほどでもありません。

これは非常に重要なことです。

重要だという理由の一つは、彼らは聖書の預言にある終末を信じていることです。彼らは、世界はもうすぐ終わり、最終決戦であるアルマゲドンはもうすぐ起こると信じています。終末の後には、彼らのような、正しい信者だけが、天国に生まれ変わるので、彼らは邪悪な存在が淘汰される終末のときを待ち望んでいるのです。

彼らは、自分たちは真に神を信じる者だと思っているので、人類が、事を急がせ世

コラム「キリスト教原理主義と終末思想」

原理主義という言葉は、もともと神学的な主流派に対する運動であるファンダメンタリズム（fundamentalism）の訳語とされる。fundamental とは「基本の」、あるいは、「基礎の」という意味だが、今日では、原理主義という言葉は、他に不寛容で過激であるというニュアンスを帯びており、ほとんどの場合は否定的に使われる。

キリスト教原理主義者という言葉も、神学的な観点から特定の団体や教派を指すというよりは、聖書を絶対視し、聖書に書かれていることを全て正しいとする人々の総称として否定的な意味で使われていると理解した方がいいだろう。

キリスト教原理主義の立場では、自然科学的な考え方よりも聖書の言葉の方が正しいと考えられるため、処女懐胎や天地創造も聖書に書かれている文字通りの事実として起こったと考えられる。聖書には、世界が6日間で創造されたとあるため、長い時間をかけて生物が進化したと説く進化論などは必然的に否定される。事実、ピュー研究所の調査では、アメリカ人の33%が進化論を信じておらず、人間や他の生物は世界の始まりから今の姿で存在していたと考えられている。

また、キリスト教原理主義者は、この世の終わりも、当然、聖書の記述の通りになると信じている。ヨハネの黙示録は、世界の終末について語られた預言書とされており、世界に大きな災いと戦いが起こり、新天地が現れる様子が描写されている。特に、戦いのためにアルマゲドンという場所に全世界の王たちが集められるという記述は有名で、アルマゲドンという言葉は、最終戦争や世界の破滅を意味するものとして日本でも知られている。

さらに、キリスト教における終末は、世界の最終的な救済と結び付けて考えられる場合が多いため、過激な原理主義者の中には、最終戦争としてのアルマゲドンを待ち望み、それを現実のものとするために、自ら戦争を起こすべきだと考える人々さえ少なくないと言われている。

界の終わりを早めることに、何の問題も感じていません。彼らは熱原子核戦争は良いことだと思っています。

空軍の核ミサイル格納庫のクルーのための取扱説明書には、以前、「イエスは核兵器を愛している」などという格言が書かれていました。彼らは狂信者であり、自分たちは天国へ行くと思っているからです。

『レフト・ビハインド（Left Behind）』という非常に人気のある小説シリーズがありました。１９９５年から２００７年の間に、このシリーズで約17の小説が書かれ、携《けい》挙《きょ》（注：天からキリストが再臨する際、キリスト教徒が不死の体に変化しキリストに出会うこと）や世界の終末について語られています。

このような信仰は、混とんとした時代に終末論を信じるキリスト教グループの間でよくみられます。

軍隊でキリスト教原理主義を信じる者たちに、新しくユニークな点があります。キリスト教原理主義の将校たちは、自分たちの宗教は大統領命令に優先すると思っています。ですから、もし彼らがデモをしているキリスト教抗議者を捕まえろ、あるいは撃てという命令を受けたなら、恐らく拒否するでしょう。

政治家をも支配する

これは単なる机上の空論ではありません。大まかに言って、基本的に、キリスト教原理主義運動は、ティーパーティー運動の人員のほとんどを提供しました。初めから、ティーパーティーはアメリカの革命を強調していました。

また、キリスト教原理主義者は、恐らくアメリカで一番強い政治的グループでしょう。

彼らは、ほぼ共和党を支配しています。

前上院議員のオリンピア・スノー氏と前下院議員で下院議長のジョン・ベイナー氏は、彼らによって追い出されました。

彼らは民主党と妥協する政治家は嫌いなのです。彼らは、そのような政治家をＲＩＮＯと呼びます。つまり、Republican In Name Only「名前だけの共和党」という意味です。彼らは、このような政治家を、辞めるまで攻撃します。

彼らは、多くの民主党の政治家も支配しています。政治家を支配する一つの方法は、彼らのスタッフになることです。そして、スタッフになると、彼らは、キリスト教原理主義者のスタッフのみ雇うのです。

彼らは長時間、一生懸命に働き、お酒を飲んだり性的な遊びをしたりしません。しかし、彼らは、他の政治家がこのようなことをするのを注意深く見ているのです。

そして彼らは、そのような政治家に、重要な事柄にどのように票を入れるべきかを告げ、従わなければ、彼の飲酒や性的スキャンダルがメディアに漏れるだろうと脅すのです。

キリスト教原理主義者だと公に明かすキリスト教教派はありません。多くは基本的にバプテスト派かペンテコステ派です。しかし、彼らは非常な秘密主義で、時には、彼らを調査しようとする少数のアメリカ人に対して暴力的になります。

彼らには一人の特定のリーダーはいませんが、リーダーであると考えられる人物は複数います。

アメリカ人の4分の1が熱狂的なキリスト教信者

私が書いたすべてのことを信じる筋金入りの信者たちは、アメリカの人口の約25％です。他の25％は、私の書いた信条のいくらかを信じています。しかし、この数はアメリカを乗っ取るのには十分すぎます。

１９１７年には、ロシアの人口の17％がボルシェビキを支持し、革命後にはロシアを支配することに成功しました。

キリスト教原理主義者は選挙でトランプ氏を支持しました。私は、これにより公平な選挙でトランプ氏当選が決まったと思います。クリントンは、不正な選挙でしか勝てなかったでしょう。

有名なキリスト教原理主義者のリーダーであるジェームズ・ドブソンは、トランプ氏は「赤子のようなキリスト教徒」だと言いました。これは、トランプ氏は最近になって真のキリスト教の教義を受け入れた、という意味です。

私は、他の信者たちが、祈りの儀式でトランプ氏に手を乗せているビデオを見ました。これは「按手《あんしゅ》」と呼ばれ、彼に精神的な力を与えるためのものです。牧師は、悪魔が彼を襲っていたのでこの儀式を行なったと言っていました。

アメリカの鍵を握るキリスト教原理主義

共和党の候補者の一人だったテッド・クルーズ氏や、次期副大統領のマイク・ペンス氏も、多くのキリスト教原理主義者の一人です。

さて、なぜこれがそんなに重要なのでしょうか？　ミリシアメンバーのほとんどがトランプ支持者であり、ある種のキリスト教原理主義の信仰者でしょう。一般的なトランプ支持者も、ある種のキリスト教原理主義の信仰者であるはずです。

左翼は、常に、これらの人々を愚かな間抜けだと言い表してきました。

いいえ、彼らは間抜けではありません、彼らは真剣でよく働きます。そして、すでに言いましたが、左翼がＬＧＢＴ（性的マイノリティ）の権利を擁護することは、このような人々を直接的に怒らせるのです。

やがて起こるアメリカ人の争いで、左翼はひどく負けるでしょう。

人種差別というアメリカの深い闇

さて、この本を読んでいる読者は、アメリカ社会の内戦や争いという話を聞いて、驚いていることと思います。日本の人々は、基本的に、アメリカは自由な社会で、皆が良い人生を歩んでいると思っています。

そうだったことはありません。そこにはいつも深い人種的偏見がありました。

第二次世界大戦までは、アメリカには極度の貧富の格差がありました。東ヨーロッパからの移民の入国が許され、産業に安い労働を提供しました。彼らはひどい状況下で働き、多くが死にました。彼らの賃金は非常に安く、生きていくのがやっとでした。

アプトン・シンクレアの『ジャングル』という本を読んでみてください。これが、アメリカビジネスが今日、再現しようとしているものです。つまりＴＰＰは、このような利益を作り出し、国際的規模で巨大な貧富の格差を生み出すものなのです。公平だとか、互いに利益となる（ウィン・ウィン）だとか、あるいはアメリカ人ビジネスマンが言うようなものではありません。これは、世界のすべての富を集め、少数の人の手に渡すことなのです。

フランクリン・ルーズベルト大統領は、間違いを犯し日本にアメリカを攻撃させたのですから、日本にとってはひどく嫌な大統領でしたが、アメリカ人にとっては良い大統領でした。

彼は中流階級を作り出す基盤を整え、そのおかげでアメリカは１９６０年代と７０年代に非常に繁栄する国家となったのです。裕福なアメリカ人は、今、この社会を意図的に壊しているのです。

個人主義で開拓者精神を愛するアメリカ人

アメリカ人は非常に個人重視の人種で、社会のことは考えません。彼らは、単独で未開拓地域に住んでいた個人とその家族のように、開拓者精神が大好きなのです。他に誰も必要としない、他に誰もほしくない。私が存在する上では、全ては私のものだ。

アメリカで使われる言い回しがあります。

「私のものは私のもの。あなたのものは私のもの」

すでに書いたように、アメリカ人は、自分たちが非常に裕福になれると感じるならば、社会の貧富の格差など気にしないのです。裕福になれば、彼らは他の誰をも無視し、高級品に囲まれた生活を送るのです。

これは日本とはとても違う考え方です。日本は地域社会で、人々は、皆が生き残れるように地域の集団に貢献します。

アメリカ人にはこれが理解できません。

私は、いつも、「でも、アメリカ人はいい人たちだから、そんなひどいことはしないでしょう」という日本人に会いますが、もちろんアメリカ人は、そんなことを簡単にやります。

格差を助長する社会がトランプ大統領を産んだ

しかし、貧富の格差があれば、人々は生きていけません。

アメリカのヘルスケアは常識外です。誰かが病気になり、医療費が払えないという理由で毎年70万人の人が貧困に陥るなど、国にとって良いはずがありません。
金融制度のすべてがゆがんでいます。一般人は負け、金と富は頂点の少数に流れ込むように設計されているのです。

一般人にはチャンスがありません。だから、アメリカ人エリートがやってきたことは、非常に愚かです。彼らは、アメリカ国内に革命を起こす状況を作り上げたのです。ドナルド・トランプ氏はこの結果です。右翼は、共和党の他のプロの候補をすべて退け、ドナルド・トランプ氏を選んだのです。

彼は希望です。一般人がもう一度生きていけるチャンスを得られるようにアメリカを修復する希望です。私は、これは、アメリカの右翼が選挙を頼る最後だと思います。もし満足を得られなければ、本当に暴力的な革命を起こすでしょう。

第6章　アメリカを支配するのは誰か

嘘と汚職に塗《まみ》れた民主党予備選挙

ここまではエリートについて話しました。私は、彼らを「支配者層《エスタブリッシュメント》」と呼びます。英語では他の単語もあります。既得権者、影の実力者、Deep State（奥深い体制）などです。

２０１６年の民主党の予備選挙は恥も外聞もなく操作されていました。民主党の候補者選びでは、「支配者層」の支持を受けたヒラリー・クリントン氏と、一般の人々の支持を集めたバーニー・サンダース候補の戦いでした。本当は、サンダースが民主党予選で勝っていたという記事が多くネットで流れました。私もそう思います。ほとんどの人が、ヒラリー・クリントン氏は企業の操り人形だと理解しています。

実際は、私は、彼女は夫が大統領だったときは、そこそこ良い人だったと思います。

コラム「エスタブリッシュメント」

エスタブリッシュメントとは、既成の経済的・政治的体制と、そこでの権力や支配の構造を指す。また、そのような体制内で既成の特権を持ち、支配者階級側になっている人間を指す言葉として使われる。

アメリカには、ロックフェラー財閥を筆頭に、メロン財閥、デュポン財閥、モルガン財閥、カーネギー財閥、ハリマン財閥、など多くの財閥があり、彼ら一握りの人間が強大な権力を持ち、社会を動かしているという考えは、人々の間で根強い。時には陰謀論的な文脈でエスタブリッシュメントについて語られることも少なくないが、実際問題として、富と権力の集中があること自体は疑いようがない事実だ。世界有数の金融コングロマリットであるクレディ・スイスの「2016年度グローバル・ウェルス・リポート」によれば、世界中の富の半分は、全人口の１％にも満たない富裕層に集中しているのが紛れもない現実である。

アメリカでは、従来、WASP（ワスプ）やアイビーリーガーなどがエスタブリッシュメントを構成していると言われていた。WASP（ワスプ）とは、White Anglo-Saxon Protestantの頭文字をとったもので、アングロ・サクソン系の白人でプロテスタントである人々のことだ。もともとはアメリカ建国の中心となった北西ヨーロッパからの移民やその子孫を指す言葉である。また、アイビーリーガーとは、アメリカの北東部にある８つの名門大学（アイビー・リーグ）の卒業生のことで、アメリカの伝統的な学歴エリート達である。

2016年の大統領選挙で、ヒラリー・クリントン氏は、民主党の指名を争っていたバーニー・サンダース上院議員から、エスタブリッシュメントであると批判を受け、これに反論している。つまり、今のアメリカでは、エスタブリッシュメントであることは国民の支持を集める上でマイナス材料なのである。事実、エスタブリッシュメントであるクリントン氏は敗北することになった。

彼女は、アメリカで妥当な保健制度を作ろうと一生懸命やっていました。彼女は企業のメディアに潰されました。すると、彼女は企業側に加わったのです。

彼女は国務長官になり、それから大統領になろうと決めました。国務長官としての彼女の汚職は驚異的でした。彼女は一般のアメリカ人のことは心配せず、代わりに、自分の立場を利用して自分の家族を裕福にすることに決めたのです。

支配者層の一部、つまりアメリカ企業は、自分たちの富と、さらなる富を得る力を彼女が守ってくれさえすれば、そんなことにはお構いなしでした。

支配者層が転落する!?

しかし、何かおかしなことがこの選挙で起こったのです。これはどこにも書かれていない非常に重大なことです。

私は、クーデターがあったと思っています。そうです、クーデターです。私が支配者層と呼ぶものには、アメリカ企業だけでなく、軍隊と連邦政府の官僚機構も含まれています。さて、ここで、私は推測をしています。これは多くは書かれていないテーマです。しかし、私の推測は妥当だと思います。

正確に言えば、クーデターの計画で、今回は危ういところで未然に防がれたのです。これは、とりもなおさず、アメリカ社会がいかに危うい状態にあるか、ということを示しています。

私は、選挙の約1週間前に、クーデターにうすうす気付き始めました。ネットで、スティーブ・ピチェニックという名前の男性のビデオを偶然見ました。彼のウィキペディアのプロフィールを見ると、彼は国務省情報機関に関係があり、トム・クランシーと共同で書籍を数冊執筆しています。

２０１６年11月4日にアップされたユーチューブの動画で、彼はＣＩＡ、ＦＢＩ、軍の情報機関がクリントン家に対してクーデターを起こそうとしている、と語っていました。彼は人々に家にいて静かにしているように強く促していました。

最初、私は、これは正気ではない！と思いました。アメリカでクーデターとは！

しかし、いくつかのことが起こったのです。

選挙の１週間前、ＦＢＩは突然、ヒラリー・クリントン氏のｅメール捜査を再開し、数日後に終了しました。これは非常に奇妙でした。また、選挙前、統合参謀本部議長でもある海兵隊大将ジョセフ・ダンフォードは、全てのアメリカ軍隊に対し、この選挙では政治に無関係でいるように（特定の政党を支持しないように）と布告しました。

これは前例がありません。

私は米海兵隊員でした。アメリカ軍では、軍の一員として、いかなる政治家や政党も支持したり選挙運動をしてはいけない、と厳しく教えられます。もちろん、投票はできますが、例えば、政治集会にユニフォームを着て行っては絶対にいけません。

ＦＢＩがメール捜査を再開すると公表したころ、四つ目の奇妙なことが起こりました。突然、ビルとヒラリー・クリントン氏は小児愛のセックスに関係しているという記事が、ネットで大量に流れたのです。

これは、典型的な中傷戦術です。

中傷合戦の背後にあった権力闘争

２００３年、ブッシュ政権はイラクで大量破壊兵器の証拠を探していたのを覚えています。スコット・リッター氏は、イラクの国連機関（注：国際連合大量破壊兵器廃棄特別委員会＝ＵＮＳＣＯＭ　主任査察官）に従事していたアメリカ海兵隊の元情報将校でした。彼は大量破壊兵器を探していました。

もちろん、一つもありませんでした。イラク侵攻を正当化するために、ブッシュ政権が単に作り上げたのです。スコット・リッター氏は、大量破壊兵器があるという計画と嘘に追従することを拒みました。報復として、彼の信頼性を壊すため、彼は小児愛者、つまり子どもとセックスしたとの嫌疑をかけられました。

もちろん、告発は虚偽でした。しかし、これは、非常に感情的な非難であり、このような非難があっただけでも、恐ろしいことになり得ます。リッター氏の人生は壊されました。

ですから、私は、このクーデターの計画は、実際にあったことだと思います。ビジネス界は自分たちの選択肢であるクリントン氏を選挙で優勢にしたかったのです。これは、僅差の選挙では極めて起こり得ることです。

例えば、オハイオ州は電子投票を使っています。特定の結果を確実に得るために、ウイルスを忍ばせるのは簡単なことです。見破ることはできません。

しかし、情報コミュニティーもアメリカ人の感情と怒りにはよく気づいていました。

彼らは、ミリシア運動やその潜在力についてもよく気づいていました。

特にＦＢＩは、ミリシアの中に情報提供者を持っています。カンザス州のアパート爆破の陰謀が発見され阻止されたのも、恐らくそのせいでしょう。


オース・キーパーズのリーダーであるステュワート・ローズ氏は、ユーチューブのインタビューで、内戦が起こったら、ほとんどの軍隊と警察は反乱に参加するだろうと言っていました。

これは本当だと思います。統合参謀本部の大将が、軍隊に中立の立場をとるように要請する必要性を感じたという事実も、これを裏付けています。

クリントンが勝っていたら大変なことに…

こうしたいくつかのことを踏まえて、私はある結論に達しています。

それは、情報部の人々が企業の人々にこう言ったのだと推測できます。

「おい！　トランプが勝たなければいけないのだ！　もしクリントンが勝ったら市民戦争になって、アメリカは無政府状態に陥る。そうなれば我々全員敗北だ！」

これを重大なことと受け止めたから、支配者層《エスタブリッシュメント》はクリントン氏の勝利を確実にするようには介入せず、自然にトランプ氏が勝つことになったと私は考えています。

そして、それは正しい決断でした。

それは、アメリカにとって正しい判断だっただけではなく、日本にとっても良かったと私は思っています。すでに述べたように、クリントン氏が大統領になれば、恐らく前言を翻してＴＰＰを進めていたはずで、日本も当然、参加せざるをえませんでした。

仮に日本がＴＰＰに参加するとしたら、富は日本からアメリカ企業のエリート層に渡り、わずか数年で我々は日本で暴力革命に直面するでしょう。ちょうど今、アメリカがそうであるように。

アメリカの問題

私がアメリカでクーデターが起きたかどうかを考察していることに、多くの人はショックを受けるでしょう。よくあることですが、私がアメリカの問題点について述べると、多くのアメリカ人は烈火のごとく怒り出します。彼らは顔を赤くして叫びます。

「アメリカをそんな風に言うな！」

「なぜ？」私は聞きます。

「なぜって、だって、アメリカだからだ！」

彼らは理性的な答えを述べることもできません。

アメリカ人も日本人も、アメリカのことを、他の国なら影響される問題にも影響されない、魔法の国か何かのように思い過ぎています。

それは真実ではありません。アメリカは人間で構成されていますし、人間は時々愚かなことをするものです。日本人は、早くアメリカに対する幻想を捨てて、日本の歩むべき道をしっかりと認識し、歩み出すべきときです。そのために、トランプ氏が大統領に就任するいまは、最大の好機なのです。

アメリカの未来社会

アメリカの未来社会はどのようになるでしょう。

保守主義が確実に強くなっていると言えると私は思います。つまり、キリスト教原理主義者的色合いが非常に濃くなっているということです。

もしあなたが同性愛者や非キリスト教徒だったら、早くアメリカを去るのが賢いかもしれません。といっても、大抵の人にとってそれは不可能でしょう。彼らはアメリカに家を持っています。彼らの財産はそれだけです。また、もし彼らが他の国に行くとしたら何の仕事に就くのでしょう。日本では、もうこれ以上、英会話の教師は要りません。

そして、日本が心配すべきなのは、トランプ氏ではありません。彼は、右翼のキリスト教原理主義者に比べれば、かなり自由主義であることが分かってくると思います。キリスト教原理主義は、かなり組織化されており、今後の選挙では必ず勝つでしょう。率直に言って、現時点では右翼キリスト教原理主義者による政権が、アメリカが安定するための、唯一の希望なのです。

自分勝手なアメリカ人

アメリカ人はあまりに自己中心的になってしまいました。彼らは一つの地域、一つの国家になることを学び直さなければならないでしょう。

この身勝手さのとても良い例は、私が目にしている新しい流行です。それは「精神的援助用の動物」です。人々は情緒的な安定のために、この動物といつも一緒にいなければならないと主張します。

飛行機の中ででもです。いえ、貨物室ではなく、彼らの隣の席です。彼らは医者からの認可証を持っていて、自分たちは精神的な障害を持っているので、動物の存在が必要なのだと言います。もし航空会社が拒否したら、彼らは身体障害者への差別だとして訴訟を起こすと脅してきます。

私は座席にシチメンチョウが座っている写真や、ミニチュアホースが搭乗客の足の前にいる写真を見たことがあります。また、搭乗客が飛行機に小さな豚を連れ込んだのを読んで知りました。シチメンチョウの座席は無料でした。

どうも豚は通路でウンチをしたようで、飛行機はその乗客と彼女の豚を下ろすため予定外の停止を余儀なくされたようです。一人の人間のわがままのために多くの人が不便を被るのです。

そして、これがポリティカル・コレクトネスの本質なのです。左翼の人々は、極めて小さな攻撃や毎日起こる小さな出来事について口にして、それらを取り除きたいと願っています。

でも、残念ながら、すべて自分の思うようにいかないのが、大人の世界です。成熟した人々は、そうしたこととうまく付き合っていくものです。

自由と身勝手をはきちがえる人々

チンパンジーを法律上人間として認めようという活動すらあります。つまり、人間と同じ権利を持つということです。

正気とは思えません。正直にそのように言う時が来ました。

本当に、アメリカ人は人権という概念を理解していません。彼らはアメリカ人であることによって幸福と成功を保証されていると考えているのです。

いいえ。アメリカ合衆国憲法は幸福の追求を保証するのであって、それを得るとは約束していません。

ポリティカル・コレクトネス運動や、フェミニスト運動は、完全な身勝手さの表れです。アメリカ国家のために、廃止されなければなりません。

コラム「トランプ大統領も好き勝手はできない」

アメリカ大統領の権限は絶大なものがあります。アメリカの行政権を握っているのは、まさに大統領その人なのです。

しかし、アメリカは三権分立が徹底しているため、トランプ大統領といえども全てを自分の思い通りにできるわけではありません。歴代のアメリカ大統領も、議会の意向を無視することはできませんでした。

例えば、勝手に法律を作る権限は大統領にはありません、法律を作るのは議会の仕事であり、大統領は議会に教書を送って法律を作ることを促すことができるだけです。誰かを裁く権利も大統領にはありません。逆に、弾劾によって大統領が罷免されることも制度の上ではあり得ます。

他国に宣戦布告するような場合にも、大統領は議会の承認を得る必要があります。トランプ大統領が勝手に思いつきで戦争を始めることはできないのです。ただし、核ミサイル発射命令を出す権限は大統領が持っているので、その意味では一人でアメリカを戦争に巻き込むことができると言えるかもしれません。地球上で最も大きな権力を持っている人物の一人であることは確かです。

ただ、トランプ大統領も現実的な状況を無視することはできず、行動は制約されることになるでしょう。例えば、トランプ大統領は選挙中に、日本が費用を負担しないなら在日米軍を引き上げるという発言をしています。しかし東アジアの現実に直面すれば、中国に対抗するために日本との同盟は重視せざるを得ないはずです。

現にアメリカ議会では、共和党も民主党も日本との同盟関係を強く支持しています。仮にトランプ氏が在日米軍を引き揚げようと考えても、議会の賛同が得られることは、まずないでしょう。トランプ大統領によってアメリカが変わっていくことは間違いないでしょうが、意外と大統領の権限には制約も多いのです。

多くの人が、それは表現の自由の権利を侵すと言うでしょう。

それはその通りでしょう。アメリカ人が自己表現するとき、極度な身勝手さしか見ることができず、社会や国家を考えもしません。それを表現の自由というのは、間違っています。

アメリカ病に侵される日本

そして、この身勝手な考え方が日本にも感染し始め、人々はアメリカ人のすることを真似ています。新聞で、私は、日本の県知事が妊娠への共感を示す上着を着ている写真を見ました。

その上着には、妊娠した女性のように、膨らんだ胸と膨らんだおなかがついています。アメリカ軍の男性や企業の役員はこれを着なければなりません。女性への共感を養う目的ですが、これは馬鹿げたパフォーマンスです。

それから、日本には、もちろん大量の移民など必要ありません。移民は日本語を学ばず、日本の環境で働くことができず、市民の不安を生じさせます。

日本にはもっと多様性が必要だという人がいます。これは、ただアメリカを真似ているだけです。行き過ぎた多様性がアメリカを破たん国家寸前にまで追いやっているのは、もう誰の目にも明らかではないでしょうか。

日本もそうなってほしいのでしょうか？

日本は明治時代の先人に学べ

次の10年は日本にとって、多くの苦痛を伴う変化があり、困難な時となるでしょう。

しかし、私たちは日本の歴史に遡って解決策を見つけなければなりません。単に外国のやり方を真似するべきではありません。

日本には、天皇陛下と皇室があり、極めて恵まれています。彼らは国家の中心に存在し、この先何年にも亘り、日本人にとって非常に重要な存在であり続けるでしょう。

江戸時代は日本にとって黄金期でした。戦争がなく安定し、様々な文化が栄えました。人口も飛躍的に増え、社会は概して非常にうまく回っていたと言われています。大変活気もありました。それは、人々に余裕があったことの表れです。

江戸末期、アメリカ人が軍事力で脅し、日本に外国貿易への同意と外国人を受け入れることを迫った時、幕末から明治時代のリーダーたちは、日本のアイデンティティーを守り、西洋人に植民地化され破壊されることから必死に日本を守りました。

ここにこそ、日本人は励みを探すべきです。衰えているアメリカではありません。

アメリカには日本の皇室のようなものはありません。憲法の概念はほとんどの人にとってぼんやりとしたものです。

将来のアメリカ人に重要視すべき単語を提案してもよいでしょうか。それは、責任、義務、名誉です。私が、権利、とは言わなかったことに気づいてください。

アメリカは災難に直面しています。トランプ氏の勝利はただ内戦を遅らせただけです。アメリカでは干ばつが深刻で、食糧不足は目前に迫っています。カリフォルニア州の75%の人々が、数年で避難しなければならないという予測があります。気候が深い砂漠へと変えています。いろいろ調べましたが、私はこれに同感です。

アメリカ人は共に働くか、別々に死ぬかを学ばなければならなくなるでしょう。協力することを学ぶか、そうでなければ、多くの人が死ぬ宗教的な内戦の激しい苦痛に陥るか、のどちらかです。

私は日本に信頼と自信を持っています。日本人は生まれながらに勤勉で、協力的で賢いです。

私は、今から15年後、私たちがすべての危機を乗り越えたとき、日本は地球上でもっとも繁栄している国家になっていると思います。

マックス・フォン・シュラー（Max von Schuler）

本名：マックス・フォン・シュラー 小林
牧師。歴史研究家。

1956年2月22日生まれ。父はドイツ系、母はスウェーデン系のアメリカ人。1974年岩国基地に米軍海兵隊員として来日。その後、日本、韓国で活動。退役後、国際基督教大学で政治学を学ぶ。役者、コメンテーターとしても日本で活動。

「日出処から」代表講師。

著書に『アメリカ人の本音』（桜の花出版）、『太平洋戦争　アメリカに嵌められた日本』（ワック）、『アメリカ人が語る　アメリカが隠しておきたい日本の歴史』（ハート出版）

アメリカ白人の闇

2016年　12月29日　初版第1刷発行

著　者　マックス・フォン・シュラー
発行者　山口春嶽
発行所　桜の花出版株式会社
〒194-0021　東京都町田市中町1-12-16-401
電話 042-785-4442
発売元　株式会社星雲社
〒112-0005　東京都文京区水道1-3-30
電話 03-3868-3275
印刷・製本　亜細亜印刷株式会社

ISBN978-4-434-22870-4 C0036

桜の花出版既刊

中国製品を買ってはいけない！

あなたと子供を病気にする

『メイド・イン・PRC の恐怖』

郡司和夫 著

もうこのへんで日本人が「安ければいい」という考えを改めなければ、自分や家族の健康を害するだけではなく、国自体が滅んでしまう。最新の中国猛毒製品の実態と、それらからいかに身を守るべきかについて具体的に語る。

中国産の毒商品を多くの日本人は「安ければいい」という理由だけで身につけ、口にしているのです。
こうした汚染まみれの商品を国民が買い続けることの本当の怖さは、あなたと家族の命の危険です。更に、安くないからとの理由で国民が国産の安全な商品を買わなくなれば、日本の農林水産業と生産業そのものを衰退させ、国家を疲弊させてしまいます。安全な食と健康の守り手を失わないためにも、消費者は賢い判断をしなければなりません。
格安だが危険な中国商品は日本に必要ありません。
（四六判 並製 216 頁　定価 1000 円＋税）

桜の花出版既刊

通算12刷突破のロングセラー！

シリーズ日本人の誇り①

『日本人はとても素敵だった』

忘れ去られようとしている日本国という名を持っていた台湾人の心象風景

楊 素秋 著

「日本人は、日本人であることを大いに誇っていいのです。昔の日本精神はどこにいったのですか！ 私はそう叫びたいです。しっかりして欲しいのです」終戦まで日本人として生きた台湾人著者からのメッセージ！

＜著者まえがきより＞
幸せは大切にしなければいけません。なぜなら幸せは、国が立派であって初めて得ることが出来るものだからです。国が立派でも、国民の一人一人が立派でなければ、いずれ国は滅びてしまいます。ですから、日本の若者よ、背筋をシャンとしてお立ちなさい。そして、自信と誇りをもって前に進みなさい！
私は、日本を心の故郷と思っています。そして、台湾を愛するのと同じように、心から祖国日本に栄えあれと念じています。日本の若者が強く大きく大地に立ち、自信一杯、誇り一杯で、お国をリードし、世界の平和を守る姿を見たいと願っております。

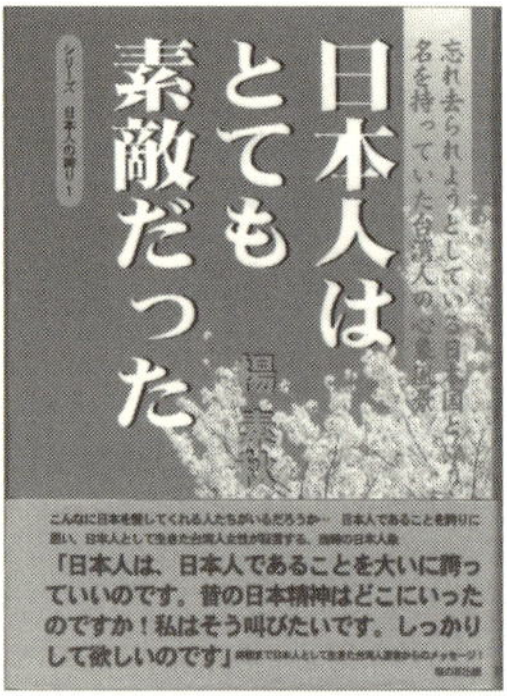

B6判並製本 283頁
定価（1300円＋税）

---

② 『帰らざる日本人』 蔡 敏三 著
③ 『母国は日本、祖国は台湾』 柯 徳三 著
④ 『素晴らしかった日本の先生とその教育』 楊 應吟 著
⑤ 『少年の日の覚悟』 桜の花出版編集部
⑥ 『インドネシアの人々が証言する日本軍政の真実』 桜の花出版編集部
⑦ 『フィリピン少年が見たカミカゼ』 ダニエル・H・ディソン 著
⑧ 『アジアが今あるのは日本のお陰です』 桜の花出版編集部
⑨ 『零戦（ゼロファイター）老兵の回想』 原田 要 著
⑩ 『朝鮮總督府官吏 最後の証言』 桜の花出版編集部